2017-2018年中国工业和信息化发展系列蓝皮书

The Blue Book on the Development of Consumer
Goods Industry in China (2017-2018)

2017-2018年
中国消费品工业发展
蓝皮书

U0722564

中国电子信息产业发展研究院 编著

主 编／刘文强

副主编／代晓霞

人民出版社

责任编辑：邵永忠

封面设计：黄桂月

责任校对：吕　飞

图书在版编目（CIP）数据

2017－2018 年中国消费品工业发展蓝皮书／中国电子信息产业发展研究院
　编著；刘文强 主编．—北京：人民出版社，2018.9

ISBN 978－7－01－019858－3

Ⅰ.①2… Ⅱ.①中… ②刘… Ⅲ.①消费品工业—工业发展—研究报告—中
　国—2017－2018　Ⅳ.①F426.8

中国版本图书馆 CIP 数据核字（2018）第 225443 号

2017－2018 年中国消费品工业发展蓝皮书

2017－2018 NIAN ZHONGGUO XIAOFEIPIN GONGYE FAZHAN LANPISHU

中国电子信息产业发展研究院 编著

刘文强 主编

人 民 出 版 社 出版发行

（100706　北京市东城区隆福寺街99号）

北京市燕鑫印刷有限公司印刷　新华书店经销

2018 年 9 月第 1 版　2018 年 9 月北京第 1 次印刷

开本：710 毫米×1000 毫米 1/16　印张：13

字数：210 千字　印数：0,001—2,000

ISBN 978－7－01－019858－3　定价：55.00 元

邮购地址　100706　北京市东城区隆福寺街 99 号

人民东方图书销售中心　电话（010）65250042　65289539

版权所有·侵权必究

凡购买本社图书，如有印制质量问题，我社负责调换。

服务电话：（010）65250042

前　言

　　消费品工业是国民经济和社会发展的基础性、民生性、支柱性、战略性产业，涵盖了轻工、纺织、食品、医药等工业门类。改革开放40年来，我国消费品工业稳步、快速发展，规模持续壮大，结构不断变化，技术装备水平稳步提高，已经建立了较为完善的产业体系，国际化程度日趋加深，成为世界消费品制造和采购中心，对国内外消费需求的保障和引领作用进一步增强。

　　2017年是全面落实"十三五"规划的关键一年，也是推进消费品工业供给侧结构性改革、深入实施"三品"战略的重要一年。在稳中求进工作总基调的指导下，消费品工业坚持以提高发展质量和效益为中心，以推进供给侧结构性改革为主线，把稳增长作为首要任务，把调结构作为主攻方向，把抓创新作为战略指向，把惠民生作为根本落脚点，整体实现了持续稳定增长，中高端消费品供给水平有所提升。全年医药、纺织、轻工（含食品）三大子行业增加值同比分别增长12.1%、4.8%和8.2%，增速较之上年分别增加1.5、-0.1和1.5个百分点。

　　进入2018年，我国消费品工业面临的内外部环境依然复杂严峻。国际层面，受主要经济体宏观经济政策调整影响，全球债务规模持续攀升，贸易保护主义抬头，国际汇率波动加剧，特别美国大幅减税有可能引发主要国家减税竞赛和资金争夺，世界经济的不确定风险加大；地缘政治、地区安全、政治极化、社会分化等非经济因素干扰全球经济，消费品工业扩大出口、企业全球化运营面临较多困难和风险。国内层面，制度性交易成本、原材料成本、物流成本、融资成本、用工成本仍然较高，部分地区和企业经济下行压力较大，行业投资增势减弱，部分消费品进口关税下调和扩大消费品进口将加剧竞争等。

　　为全面把握过去一年我国消费品工业的发展态势，总结评述消费品工业领域一系列重大问题，中国电子信息产业发展研究院消费品工业研究所在上年积极探索实践的基础上，继续组织编撰了《2017—2018年中国消费品工业发展蓝皮书》。该书基于全球化视角，对过去一年中我国及世界主要国家消费品工业的发展态势进行了重点分析，梳理并剖析了国家相关政策及其变化对消费品工业发展的影响，预判了2018年世界主要国家以及主要消费品行业的发展走势。全书共分为综合篇、行业篇、区域篇、三品战略篇、企业篇、政策篇、热点篇、展望篇八个部分。

综合篇。从整体、区域和重点国家重点行业三个层面分析了2017年全球消费品工业的发展情况，然后从发展现状、存在问题两个维度分析了2017年我国消费品工业的发展状况，并提出相关对策建议。

行业篇。选取纺织工业、生物医药及高性能医疗器械和食品工业三大消费品子行业，分析行业发展态势，剖析存在的突出问题。在发展态势上，重点从运行、效益以及重点产品或重点领域三个维度展开分析。

区域篇。以典型省份为切入点，分析2017年我国东部、中部、西部三大区域消费品工业的发展情况，重点分析运行、出口、效益等指标的基本情况，并总结归纳各地区消费品工业发展经验与启示。

"三品"战略篇。从"增品种、提品质、创品牌"三个维度入手，介绍典型城市"三品"战略主要内容和成果，总结分析其成功经验。

企业篇。选取了轻工、食品、医药等行业中发展较好，具有代表性的几家企业，就其发展历程、发展战略及发展启示进行了分析和整理。

政策篇。梳理总结了2017年我国消费品工业领域出台的重点政策，介绍了各项行业政策的主要内容和发力点，分析了政策对行业未来发展的影响。

热点篇。选取盐业和医药行业中对于行业影响力大的热点事件进行分析，从事件背景、主要内容和主要启示三方面进行剖析，深入研究热点事件背后的行业发展趋势与动向。

展望篇。首先梳理了国内主要研究机构对2018年消费品工业发展形势的预判。其次，从整体、重点行业两个方面对2018年我国消费品工业的发展态势进行预判。

2018年，消费品工业发展机遇与挑战并存，必须深入贯彻落实党的十九大精神，以稳增长为主要任务，主动推进供给侧结构性改革，深入实施"三品"战略，强化产业创新，促进消费品工业向中高端迈进，增强消费品工业对工业和国民经济发展的支撑作用。

　　作为消费品工业领域的一家专业研究机构，中国电子信息产业发展研究院消费品工业研究所拥有一批专业人才，具备了较强的研究能力，成立7年多以来先后承担了多项课题的研究，对我司工作给予了大力支持。此次编撰的《2017—2018年中国消费品工业发展蓝皮书》内容丰富，资料翔实，具有一定参考价值。但由于消费品工业行业众多，国家间、行业间、地区间差异大，需要深入研究探讨和专题研究的问题很多，因此疏漏和不足在所难免，希望读者以爱护和支持的态度不吝批评指正。

（工业和信息化部消费品工业司司长）

目　　录

政 策 篇

热 点 篇

展 望 篇

综合篇

朴 은 植

第一章　2017年全球消费品工业发展状况

2017年，世界经济迎来逐步向好局面。发达经济体经济增长势头良好，新兴市场和发展中经济体增速企稳回升。一年中，全球贸易和投资回暖，金融市场预期向好，全球经济增速和增长超预期提升，全球制造业复苏。在此背景下，消费品工业整体增长态势较好，各子行业呈现分化增长。从具体行业来看，基本药物产品增速最快，领跑整个消费品工业。食品与饮料、烟草、皮革与鞋帽、木材加工（不含家具）、橡胶与塑料、家具与其他制造业等子行业均保持较高增速，纺织行业增长放缓。从主要国家看，EIE及其他发展中国家消费品工业各子行业增速高于发达国家。展望2018年，世界经济增速预期有望提升，美国、欧洲等发达国家制造业复苏的迹象更加明显，全球消费品工业亦将整体表现保持稳定增长态势，但"逆全球化"风潮和主要经济体货币政策转向等威胁经济增长的风险因素仍不容忽视。

第一节　产业发展整体态势

2017年，全球贸易和投资回暖，全球经济增速和增长超预期提升。2017年，全球制造业增速显著上涨。2017年3季度，整体制造业同比增长达到4.5%，超过上年同期2.1个百分点。在此背景下，消费品工业整体增长态势较好。

与整体制造业相比，消费品行业总体呈现较快增长化态势，各子行业呈现分化增长。2017年3季度，消费品各子行业中，基本药物产品增速最快，同比增速达到6.7%，超过整体制造业同比增速2.2个百分点。食品与饮料、烟草、皮革与鞋帽、木材加工（不含家具）、橡胶与塑料、家具与其他制造业同比增速均超过3.0%，增速分别为3.8%、3.8%、3.2%、3.3%、3.4%和

4.3%，分别同比增长0.5、11.8、1.7、0.4、1.7和2.7个百分点。服装、造纸、印刷与出版保持中高增速，2017年3季度分别同比增长2.6%、2.5%、2.4%和1.1%，增速分别同比提高1.7、1.4、2.1个百分点。纺织行业增长放缓，同比下降0.5%。

相比于2季度，消费品行业增速变化趋势亦整体呈现分化态势。与2季度相比，3季度食品与饮料、烟草、纺织、服装、造纸、印刷与出版、橡胶与塑料、基本药物产品、家具与其他制造业等9个子行业增速均有上升，分别增加0.9、0.2和0.7个百分点，只有皮革与鞋帽、木材加工（不含家具）两个子行业增速出现下滑，分别同比下降0.9、0.3个百分点。

表1-1　2016—2017年前3季度全球主要消费品行业产出同比增速

行业	2016Q1	2016Q2	2016Q3	2016Q4	2017Q1	2017Q2	2017Q3
食品与饮料	2.4%	2.3%	3.3%	3.1%	2.4%	3.6%	3.8%
烟草	−3.4%	−2.6%	−8.0%	1.9%	1.0%	2.1%	3.8%
纺织	4.9%	3.8%	3.1%	2.8%	2.9%	2.4%	2.6%
服装	2.1%	1.9%	0.8%	1.8%	2.7%	2.3%	2.5%
皮革与鞋帽	1.3%	1.4%	1.5%	1.9%	1.4%	4.1%	3.2%
木材加工（不含家具）	3.7%	3.5%	2.9%	2.9%	1.9%	3.5%	3.3%
造纸	1.8%	0.7%	1.0%	1.5%	0.1%	2.2%	2.4%
印刷与出版	0.6%	−0.1%	−1.0%	−0.6%	−0.5%	0.1%	1.1%
橡胶与塑料	2.6%	2.0%	1.7%	2.8%	2.8%	2.9%	3.4%
基本药物产品	4.8%	4.3%	3.4%	4.5%	5.7%	3.7%	6.7%
家具及其他制造业	3.9%	1.9%	1.6%	3.9%	4.6%	4.0%	4.3%
整个制造业	2.1%	2.2%	2.4%	3.9%	3.8%	4.2%	4.5%

资料来源：UNIDO Statistics，2018年3月。

全球消费者信心指数方面，美国经济延续2016年温和增长趋势，全年消费者信心指数维持在93.0之上，其中10月消费者信心指数接近17年高点，同时，制造业扩张速度亦加快。而欧盟在经济增长、消费需求强劲、新增产能投资等多重利好因素推动下，制造业呈现良好增长态势，欧盟执委会数据显示，欧元区消费者信心指数升幅远超预期，进一步凸显区内经济以10年来最快的速度增长的势头。中国经济保持中高速增长外，综合国力、制造业能力和国际影响力均迈上新台阶。日本全年消费者信心指数维持在 43.0 左右。

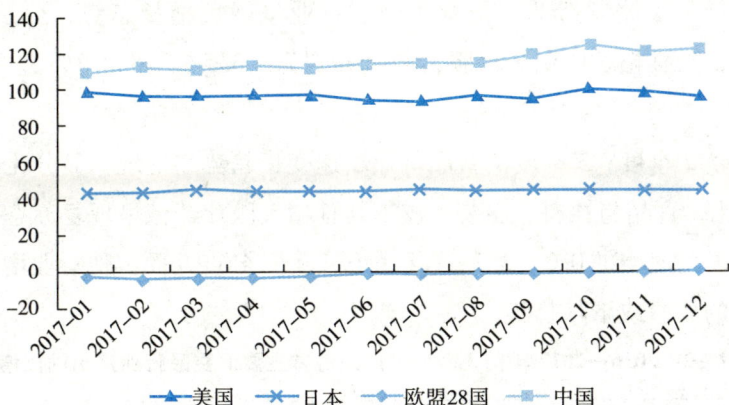

图 1-1　2017 年 1—12 月主要经济体消费者信心指数变化情况

资料来源：Wind 数据库，2018 年 3 月。

第二节　主要国家消费品工业发展情况

在全球制造业复苏并快速增长的背景下，发展中国家与发达国家消费品工业增速在增长的同时呈现分化态势。具体比较而言，2017 年 3 季度，发展中国家消费品工业同比增速（6.2%）明显高于发达国家（3.1%），且消费品工业各子行业增速均高于发达国家，其中，烟草、服装、印刷与出版和基本药物产品等子行业同比增速显著高于发达国家，分别高了 9.3、6.0、8.7 和 9.5 个百分点，发达国家部分消费品子行业增长接近停滞甚至出现负增长。

一、发达国家

2017 年，在整体制造业逐渐复苏的背景下，发达国家消费品工业有明显的增长态势，2017 年 3 季度同比增长 3.1%，增速相较于上年同期提高了 2.5 个百分点。消费品工业子行业增长态势分化显著，仍有部分子行业增长停滞甚至负增长。

与整体制造业相比，2017 年 3 季度，各子行业中木材加工（不含家具）和基本药物产品增速高于整体制造，增速分别为 3.4% 和 5.1%。其他各子行业增速均低于整体制造业，仍有 4 个子行业呈现负增长态势，分别是烟草、服装、皮革与鞋帽、印刷与出版，增速分别为 −3.5%、−2.3%、−0.4% 和 −1.0%。

相比于 2 季度，3 季度消费品行业增速变化趋势亦呈现明显分化态势。与 2 季度相比，食品与饮料、服装、皮革与鞋帽、医疗器械呈现复苏态势，分别相比 2 季度增速增加 0.2、3.7、1.8 和 0.4 个百分点，而其他行业增速均呈现不同程度的放缓或下降趋势。

表 1 - 2　2016—2017 年前 3 季度发达经济体主要消费品行业产出同比增速

行业	2016Q1	2016Q2	2016Q3	2017Q1	2017Q2	2017Q3
食品与饮料	1.2%	0.9%	1.4%	1.2%	2.3%	2.5%
烟草	2.0%	0.6%	− 10.4%	0.1%	− 7.0%	− 3.5%
纺织	1.0%	− 0.9%	0.4%	− 0.5%	0.7%	0.8%
服装	− 4.2%	− 2.7%	− 0.5%	0.6%	− 2.4%	− 2.3%
皮革与鞋帽	− 2.0%	− 2.0%	− 0.2%	− 3.8%	2.4%	− 0.4%
木材加工（不含家具）	3.3%	2.8%	1.9%	2.5%	2.7%	3.4%
造纸	− 0.2%	− 1.1%	− 0.8%	0.6%	1.1%	1.4%
印刷与出版	− 0.2%	− 1.0%	− 1.4%	− 1.1%	− 1.8%	− 1.0%
橡胶与塑料	1.1%	0.8%	0.7%	1.8%	2.2%	3.0%
基本药物产品	2.6%	2.2%	1.2%	2.6%	− 0.7%	5.1%
家具及其他制造业	3.1%	1.5%	0.8%	3.1%	1.5%	1.1%
整个制造业	0.3%	0.2%	0.6%	0.3%	2.9%	3.1%

资料来源：UNIDO，2018 年 3 月。

二、EIE 及其他发展中国家

2017 年，EIE 及其他发展中国家制造业增速上升明显，2017 年 3 季度同比增长 6.2%，相较于上年同期提高 1.6 个百分点。消费品工业增长超过预期，且消费品工业相比于整体制造业增长态势显著分化。其中，印刷与出版、基本药物产品、家具及其他制造业增速高于整体制造业，增速分别为6.9%、8.8%和10.1%，增速相较上年同期分别提高了6.6、1.8、7.0个百分点。而食品与饮料、烟草、纺织、服装、橡胶与塑料增速略低于整体制造业，增速分别为5.5%、5.8%、3.3%、3.7%和4.1%，与2季度相比分别提高了0.2、1.1、0.3、0.3和0.2个百分点。皮革与鞋帽、木材加工（不含家具）、造纸等同比增速略有降低，分别为4.3%、3.2%、3.7%，相较于2季度分别下降0.3、1.6和0.1个百分点。

从区域角度来看，中国和拉丁美洲消费品工业增速上升是EIE及其他发展中国家消费品工业增速走高的主要原因。2017年，国家大力实施制造强国战略，中国制造业增速回升，提高EIE及其他发展中国家消费品工业整体增速。

表1-3 2016—2017年前3季度EIE及其他发展中国家主要消费品行业产出同比增速

行业	2016Q1	2016Q2	2016Q3	2017Q1	2017Q2	2017Q3
食品与饮料	3.9%	4.3%	5.9%	5.2%	5.3%	5.5%
烟草	−5.4%	−3.7%	−7.3%	9.8%	4.7%	5.8%
纺织	6.1%	5.3%	4.0%	4.1%	3.0%	3.3%
服装	3.6%	3.1%	1.2%	2.2%	3.4%	3.7%
皮革与鞋帽	2.3%	2.6%	2.1%	2.6%	4.6%	4.3%
木材加工（不含家具）	4.3%	4.8%	4.7%	3.7%	4.8%	3.2%
造纸	4.3%	3.2%	3.3%	3.3%	3.8%	3.7%
印刷与出版	3.4%	2.9%	0.3%	1.5%	5.5%	6.9%
橡胶与塑料	5.0%	4.1%	3.4%	4.4%	3.9%	4.1%
基本药物产品	8.4%	7.9%	7.0%	6.3%	10.0%	8.8%
家具及其他制造业	5.4%	2.6%	3.1%	5.1%	8.3%	10.1%
整个制造业	4.7%	4.9%	4.7%	4.6%	5.9%	6.2%

资料来源：UNIDO，2018年3月。

第三节　重点行业情况

一、医药工业

（一）2017全球医药工业新药获批情况

2017年，美国FDA批准了46个新药。其中包括34个小分子药物、12个生物大分子药物，批准新药总数创下近20年来最高纪录，这也是继2016年仅批准22个新药低谷数之后的强势反弹。全球医药工业研发创新主要呈现以下几点态势。

一是"孤儿药"和抗肿瘤药占比提高。在美国获批新药中，其中有18个新药获得"孤儿药"资格，占批准新药的39%。欧盟批准19个罕见病治疗新药，占批准新药的41%，"孤儿药"有两个特征，一是患者人数少（如欧盟定为属于万分之五的疾病），二是危及生命和健康的严重疾病，如果该药品被评价为有潜力对医疗保健作出实质性推动，则将获得优先审评。二是从治疗领域看，抗肿瘤药占多数。2017年抗肿瘤药在新药总数中占比约26%。此外，抗感染药物也获得较大进展，包括4个抗菌药物和3个抗病毒药物。同时，丙肝、青光眼、糖尿病、银屑病等治疗领域也获得较大突破。

二是优先审评占比提高。在2017年获批的新药中，有20个被认定为通过优先审评获批，占获批新药的43.5%。此外，美国还应用多种监管方法加快新药研发和审批，包括突破性治疗认定、快速通道等。加快审评和罕见病新药批准比例大也与上年上市新药丰收有关。从临床安全有效角度来看，发达国家对加快审评审批态度也不一样。例如，2016年《美国医学会杂志》（JAMA）发表专家评论，一是认为2009—2014年上市的83个抗癌药物可靠性较低。二是2017年发表文章统计的222个上市新药有三分之二存在安全隐患，其中71个存在安全问题，61个需要使用黑框警示其安全性。因此新药使用者（医生和患者）必须高度重视新药的可用性、安全性和可及性。

FDA批准的新药中，各企业上市的35个新药都是全球首批。其中，2017

年第一个获 FDA 审批的是 Synergy Pharmaceuticals 公司的新药 Trulance，用于治疗慢性特发性便秘。2017 年 12 月 FDA 批准了 Medimetriks 制药公司的 Ozenoxacin 上市，该药是一种新型抗生素，用于治疗两个月以上的脓疱疮患儿。

（二）2017 全球医药工业企业情况

在过去的十年，全球医药工业的排名每一年都会发生微妙的变化。但值得注意的是，这十年中，强生仅仅在 2011 年以与辉瑞 2.5 亿美元的差距，屈居第二，其余九年都以明显优势稳拿第一。而从强生 2018 年 1 月 23 日发布的年报数据来看，2017 年收入高达 765 亿美元，很大可能继续蝉联冠军宝座。

强生 2017 年全年实现总收入 765 亿美元，同比增长 6.3%，主要归功于制药业务的增长、成功的并购以及在创新方面的投入。强生预计 2018 年全年收入为 806 亿—814 亿美元。诺华公布 2017 年业绩，全年净收入 491.09 亿美元，同比增长 1%，保持稳定。其中，2017 年增幅最大的当属爱尔康，其销售收入为 60 亿美元，同比增长 4%。另外，中国区业务增长 13%，是诺华在新兴市场增长最多的国家。艾伯维公布 2017 年全年实现净收入 282.16 亿美元，增长 10.1%。其中，阿达木单抗（修美乐）取得了 184.27 亿美元的成绩，成为了 2017 年全球药品销售冠军，这也是阿达木单抗自 2012 年接棒波立维之后连续第 6 年获此殊荣。新基 2017 年全年实现总收入 130.03 亿美元，同比增长 15.8%，预计其 2018 年总收入为 144 亿—148 亿美元。2017 年新基研发投入大幅增加，高达 59.15 亿美元，同比增长 32.3%，占总收入的 45.5%。百健 2017 年全年实现总收入 122.74 亿美元，增长 7%；预计 2018 年总收入 127 亿—130 亿美元。这是百健剥离血友病等血液疾病业务后首次披露年报，总体超预期。

表 1-4　2010—2017 年全球医药工业企业前十强及年销售额（亿美元）

企业名称	2010	2011	2012	2013	2014	2015	2016	2017
强生	616.0	650.0	672.0	713.1	743.3	700.4	718.9	765.0
辉瑞	585.0	652.5	589.8	515.8	496.0	489.0	528.2	525.5
罗氏	391.0	452.1	478.0	485.3	498.6	481.0	501.1	416.7

续表

企业名称	2010	2011	2012	2013	2014	2015	2016	2017
诺华	420.0	585.6	566.7	573.5	579.9	494.1	485.2	491.1
默沙东	398.0	480.4	472.6	440.3	422.3	395.0	398.0	401.2
赛诺菲	403.0	443.4	464.1	420.8	430.7	345.0	365.7	415.5
葛兰素史克	362.0	413.6	399.2	416.1	379.6	239.2	347.9	404.0
吉利德	94.0	83.9	97.0	112.0	244.7	326.0	303.9	261.1
拜耳	248.0	231.1	243.0	241.7	254.7	240.9	252.7	277.8
阿斯利康	333.0	355.9	279.7	257.1	260.9	247.0	230.1	224.7

资料来源：赛迪智库整理，2018年3月。

（三）全球医药行业并购情况

2017年，医药工业行业并购活动活跃度较低。根据 Evaluate Pharma 公司的数据，2017年医药行业达成的交易只有167笔，交易总金额刚过775亿美元。2017年是近五年来并购交易额最低的一年。其中还包括了吉利德科学（Gilead Sciences）在第3季度以119亿美元收购 Kite Pharma 公司，自强生（Johnson & Johnson）在2017年1月以300亿美元收购爱可泰隆（Actelion）后，生物制药行业的大规模收购案就一直没有出现。

2017年有不少收购是针对企业某个单独的业务部门进行的。例如，易普森公司收购了 Merrimack 公司的商业和生产基础设施，其中的抗胰腺癌药物 Onivyde 是主要的战利品；Melinta 公司在第4季度收购了 Medicines 公司的传染病业务；Sawai 制药和上海医药也为其核心业务增添了大量的其他业务。

表1-5　2013—2017年全球医药工业企业并购价值及交易数量

年份	年并购交易价值（亿美元）	交易数量（笔）
2013	795	226
2014	2193	229
2015	1889	290
2016	1044	203
2017	775	167

资料来源：Evaluate Pharma，2018年3月。

（四）典型医药工业国家——德国

德国拥有欧洲最大的医药市场，在全球排名第三，拥有拜耳等全球知名医药工业企业。2016年德国医药市场规模为497.0亿美元。医药工业是德国制造业的重要组成部分，近年来增速持续放缓，医药企业平均产值显著高于整体制造业。德国医药企业数量仅占整体制造业企业数量的0.31%，但产值占比达到2.47%，意味着医药企业平均产值为整体制造业的8倍。2016年，德国医药企业总计669家，其中基本制剂企业593家，药物企业76家；产值总计438.4亿欧元，销售收入总计497亿美元，其中基本制剂和药物销售收入分别为481.8亿和15.1亿欧元；就业12.8万人，在整体制造业中占比达1.8%。

表1-6　2016年德国医药工业经济指标

	制造业	医药工业	基本药物	制剂
企业数量（家）	212602	669	76	593
销售收入（亿欧元）	20215.6	497	15.1	481.8
产值（亿欧元）	17873.7	438.4	—	—
就业人数（人）	7093694	127500	—	—

资料来源：Eurostat，2018年2月。

德国医药出口量全球排名第一，约占全球总出口的15%左右。出口目的地方面，德国医药工业凭借着产品质量优势，主要出口到发达国家。2016年，德国医药出口总额达771.0亿美元，同比增长了1.1%。其中，前十大出口国或地区分别为美国、荷兰、英国、瑞士、法国、意大利、中国、比利时、日本和西班牙，累计份额为71.7%，同比增长2.4%。其中向瑞士、意大利、中国、日本、西班牙等出口市场出口额分别同比上涨34.1%、3.9%、5.8%、6.0%和4.4%，其余出口市场出口额同比下降。

表1-7　2016年德国医药工业出口情况

	2016年出口（亿美元）	同比增长	占总出口份额
全球	771.0	1.1%	100.0%
美国	136.6	-5.4%	17.7%
荷兰	91.0	-1.4%	11.8%
英国	70.3	-9.8%	9.1%

续表

	2016 年出口（亿美元）	同比增长	占总出口份额
瑞士	69.7	34.1%	9.0%
法国	38.5	−3.7%	5.0%
意大利	31.0	3.9%	4.0%
中国	26.0	5.8%	3.4%
比利时	25.0	−1.6%	3.2%
日本	24.3	6.0%	3.2%
西班牙	20.1	4.4%	2.6%

资料来源：Comtrade，2018 年 2 月。

进口方面，2016 年，德国医药总进口 491.0 亿美元，同比增长 3.6%。从进口来源地来看，德国主要进口来源地为发达国家，对医药产业质量要求较高。其中，前十大进口来源地分别为荷兰、瑞士、美国、爱尔兰、意大利、法国、比利时、英国、澳大利亚和西班牙，累计份额为 87.6%，较上年提高了 2.5 个百分点。其中从瑞士、爱尔兰、意大利、法国、比利时、英国、澳大利亚等国进口额分别同比上涨 6.9%、11.5%、42.5%、2.3%、9.7%、24.6% 和 8.0%，其余进口来源地进口额均同比下降。

表 1−8　2016 年德国医药工业进口情况

	2016 年进口（亿美元）	同比增长	占总进口份额
全球	491.0	3.6%	100.0%
荷兰	88.5	−0.5%	18.0%
瑞士	85.8	6.9%	17.5%
美国	78.8	−10.2%	16.0%
爱尔兰	34.6	11.5%	7.1%
意大利	29.8	42.5%	6.1%
法国	26.8	2.3%	5.5%
比利时	25.3	9.7%	5.2%
英国	24.8	24.6%	5.1%
澳大利亚	13.5	8.0%	2.8%
西班牙	11.7	−3.2%	2.4%

资料来源：Comtrade，2018 年 2 月。

德国医药工业恢复发展加快，主要经济指标好于上年。从生产方面来看，德国制药工业生产较上年有较大提升，2017 年全年生产指数均高于上年。除 4 月份外，各月的生产指数均高于 119，其中 3 月生产指数达到了顶峰，为 143.2。从产业结构来看，制剂部门为制药工业生产增加作出了主要贡献，2017 年全年，德国制剂工业生产指数变化情况与制药工业生产指数同步率非常高。而基本药物部门生产相对不够乐观，但与上年同期相比有一定程度提高。全年基本药物生产指数平均为 97.4，较上年提高了 5.9。

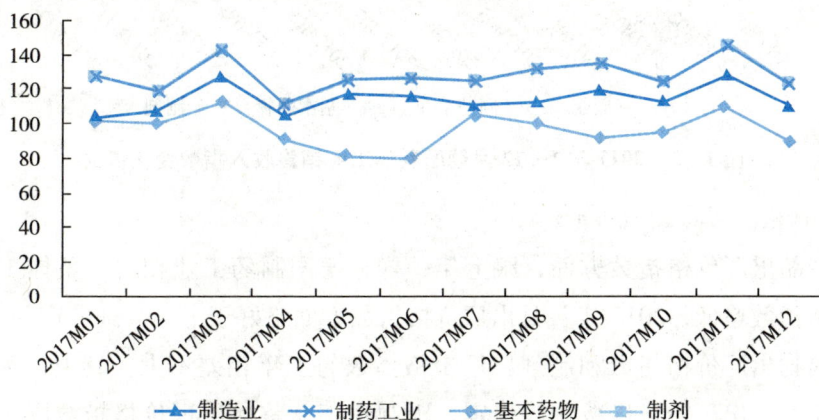

图 1 - 2　2017 年 1—12 月德国制药工业生产指数变化情况

资料来源：Eurostat，2018 年 3 月。

从销售收入来看，德国医药工业销售好于上一年。除 4 月外，2017 年销售收入指数均高于 110，全年平均销售收入指数达到 118.8。制药工业销售收入指数与整体制造业销售收入指数互有波动。各细分领域销售收入情况与生产情况差别较大，其中，制药工业销售增加主要来源于基本药物，制剂销售贡献较小。相比于整体医药工业，除 6 月份外，基本药物销售收入指数均高于同期医药工业。除 6 月份外，基本药物销售收入指数全年均明显高于同期制剂，特别是 3 月份，基本药物销售收入指数高于制剂 31.1。销售目的地方面，国内销售贡献占比较小，国外销售是销售收入增加的主要来源。相比于国内销售收入指数，国外销售收入指数各月明显高于国内，平均各月高出 20.0 以上。

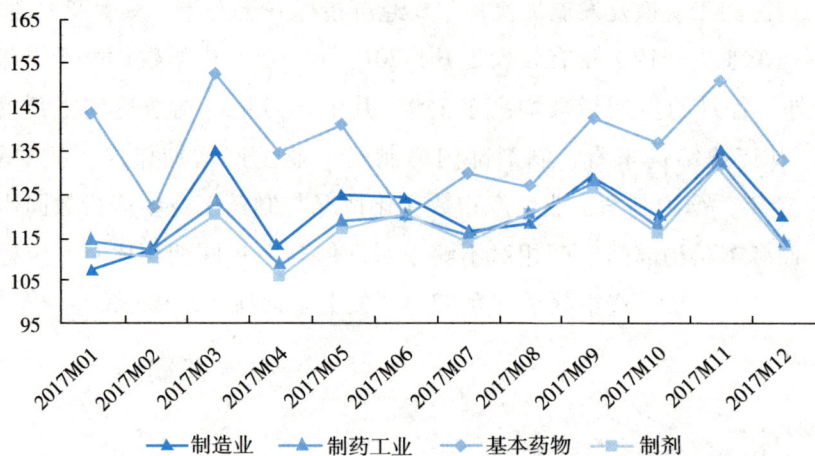

图 1-3　2017 年 1—12 月德国制药工业销售收入指数变化情况

资料来源：Eurostat，2018 年 2 月。

　　产品出厂价格指数方面，跟上年一样，德国制药工业相对于整体工业出厂价格指数略低，2017 年各月出厂价格指数方面略好于上年。细分产品方面，基本药物出厂价格指数和制剂出厂价格指数与上年相差不大，其中，基本制剂全年产品出厂价格指数比较稳定，跟制药工业整体出厂价格指数同步率非常高，基本药物产品出厂价格指数波动性较大。

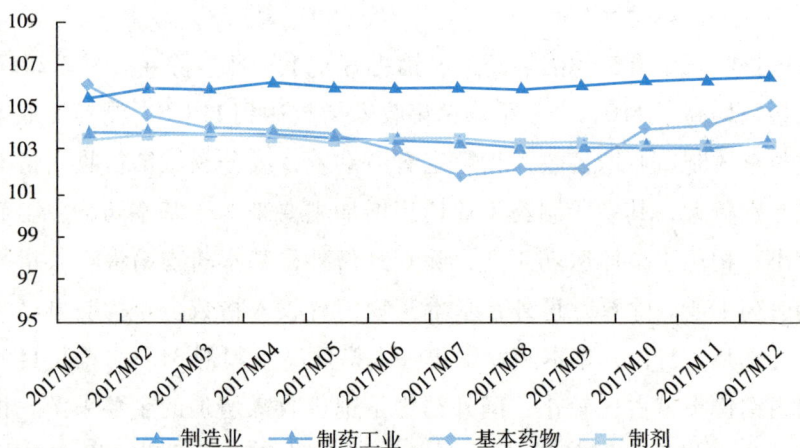

图 1-4　2017 年 1—12 月德国制药工业出厂价格指数变化情况

资料来源：Eurostat，2018 年 2 月。

（五）典型医药工业国家——比利时

比利时是全球知名的药品分销中心和制药产业技术中心。比利时大型药企主要包括杨森制药（属于强生集团的全资子公司）、优时比制药（UCB）、欧米茄制药等公司，此外，辉瑞制药、赛诺菲—安万特、罗氏制药、百特、葛兰素史克、健赞制药、先灵葆雅以及雅培公司等大型跨国药企在比利时进行了大量投资。

出口方面，比利时是全球第三大医药出口国，仅次于德国和瑞士。比利时医药工业出口目的地主要为发达国家，这点与德国医药工业类似。2016年，比利时医药工业出口总额为419.8亿美元，比上年下降了2.7%。其中，美国、法国、德国、英国、意大利、荷兰、西班牙、日本、中国和巴西依次为出口前十位的国家，前十国累计出口额占全球出口总额的68.3%，相较于上年下降了1.2个百分点。

表1-9　2016年比利时医药工业出口情况

	2015年出口（亿美元）	2016年出口（亿美元）	同比增长	占总出口份额
全球	431.5	419.8	-2.7%	100.0%
美国	81.6	74.2	-9.1%	17.7%
法国	33.7	44.3	31.6%	10.6%
德国	50.7	44.3	-12.6%	10.6%
英国	46.5	35.5	-23.6%	8.5%
意大利	32.5	30.5	-6.4%	7.3%
荷兰	11.7	14.4	23.4%	3.4%
西班牙	14.5	12.9	-11.2%	3.1%
日本	12.3	12.1	-1.7%	2.9%
中国	8.2	9.8	20.4%	2.3%
巴西	8.1	8.8	7.5%	2.1%

资料来源：Comtrade，2018年2月。

进口方面，2016年，比利时医药总进口386.6亿美元，同比下降9.6%。进口来源地方面，比利时医药主要进口来源地全部为发达国家。其中，美国、爱尔兰、意大利、法国、德国、瑞士、新加坡、荷兰、英国和加拿大是比利时医药前十大进口国或地区。前十国累计份额占进口总额的85.1%。其中，从美国和意大利的进口额分别同比上涨 5.5% 和 7.6%，其余进口来源地进口额均同比下降。

表 1-10　2016 年比利时医药工业进口情况

	2016 年进口（亿美元）	同比增长	占总进口份额
全球	385.6	−9.6%	100.0%
美国	107.4	5.5%	27.9%
爱尔兰	63.1	−3.0%	16.4%
意大利	58.2	7.6%	15.1%
法国	33.4	−36.1%	8.7%
德国	25.7	−28.1%	6.7%
瑞士	22.8	−15.5%	5.9%
新加坡	18.6	−10.8%	4.8%
荷兰	15.1	−11.5%	3.9%
英国	7.2	−23.5%	1.9%
加拿大	6.8	−15.6%	1.8%

资料来源：Comtrade，2018 年 2 月。

目前，比利时医药工业产值在整体制造业产值中占 6% 左右。从企业结构来看，比利时大型医药企业垄断了医药市场，而中小企业数量较多。从市场结构来看，制剂为医药工业的主要产品。从就业人数来看，比利时医药工业就业人数约为整体制造业的 4.7%。

表 1-11　2016 年比利时医药工业经济指标

	制造业	医药工业	基本药物	制剂
企业数量（个）	33468	115	30	85
销售收入（亿欧元）	2672.7	126.7	1.0	125.6
产值（亿欧元）	2536.2	151.4	—	—
就业人数（人）	481964	22779	—	—

资料来源：Eurostat，2017 年 2 月。

工业生产方面，比利时医药工业增长态势较好，情况显著好于上一年。2017 年，医药工业生产指数整体保持较高水平，其中 9 月生产指数达到了顶峰，为 196.8。全年基本药物生产指数平均为 167.0，较整个工业生产指数高出 52.0，比上年提高了 7.0。医药工业与整体制造业相比增长迅速，各月医药工业生产指数均高于整体制造业，在制造业中的地位得到进一步提升。

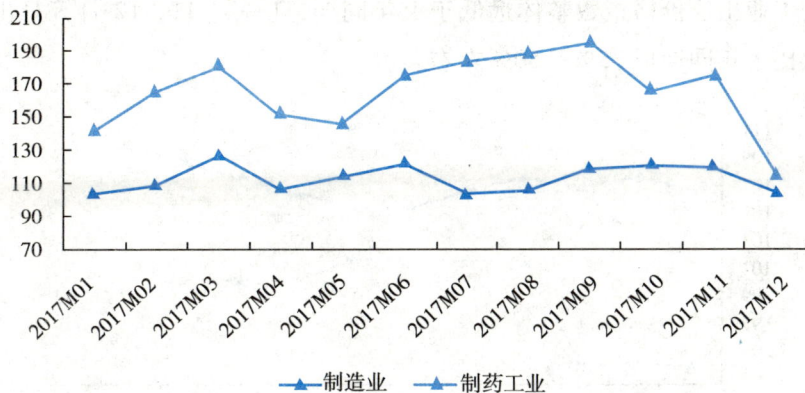

图 1-5 所示。

图 1-5　2017 年 1—12 月比利时制药工业生产指数变化情况

资料来源：Eurostat，2018 年 3 月。

工业销售方面，比利时医药销售稳步增加，情况亦明显好于上一年。2017 年 1—12 月，医药销售收入指数平均达到 253.9，比上年平均数高出 80.3，其中 3 月达到最高值 303.8。与整体制造业相比，各月销售收入指数均高于同期整体制造业，医药工业销售收入指数平均数比整个制造业销售收入指数高出 46.2。

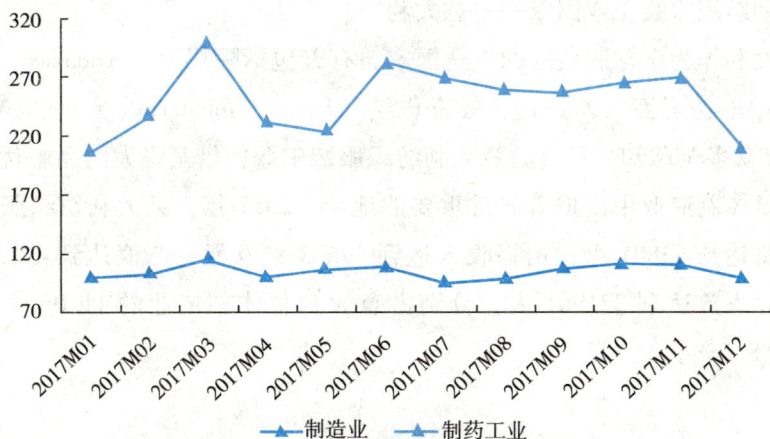

图 1-6　2017 年 1—12 月比利时制药工业销售收入指数变化情况

资料来源：Eurostat，2018 年 2 月。

出厂价格指数方面，在比利时整体制造业出厂价格持续走高的趋势下，医药工业价格波动较大，低开高走。在4月份达到峰值101.7。2017年，比利时医药工业出厂价格指数整体远低于上年同期，1—3、11、12月等月出厂价格指数比上年同期低35%—50%左右。

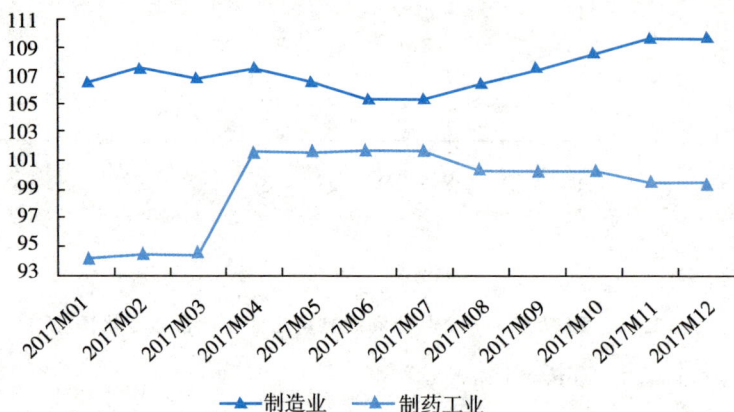

图1-7 2017年1—12月比利时制药工业出厂价格指数变化情况

资料来源：Eurostat，2018年2月。

二、纺织服装业

典型纺织服装工业国家——意大利

意大利作为全球服装业的发达国家，有着包括阿玛尼（Armani）、范思哲（Versace）、杰尼亚（Zegna）、杜嘉班纳（Dolce Gabbanax）、Gucci、Missoni、Diesel等众多全球知名品牌。意大利纺织服装工业凭借其强大的品牌优势，在意大利整体制造业中占据着非常重要的地位。2017年，意大利纺织服装工业企业数量达到43801家，销售收入达到496.3亿欧元，产值达到491.9亿欧元，就业人数达到271961人，分别占意大利整体制造业的11.0%、5.7%、6.8%和8.6%。

表1－12　2017年意大利纺织与服装行业生产指标

	制造业	纺织	服装	纺织服装	占比
企业数量（家）	396422	14359	29442	43801	11.0%
销售收入（亿欧元）	8675.1	213.9	282.4	496.3	5.7%
产值（亿欧元）	8491	213	278.9	491.9	6.8%
就业人数（人）	3148121	106274	165687	271961	8.6%

资料来源：Eurostat，2018年1月。

意大利纺织与服装行业均处于全球领先地位，是全球重要的纺织与服装出口大国。2017年，意大利纺织行业、服装行业出口分别居全球第三位、第四位。纺织行业出口总额达115.7亿美元，其中，德国、法国、罗马尼亚、西班牙、英国、美国、中国、土耳其、中国香港和葡萄牙是排名前十的出口国家或地区，累计份额为55.1%。服装行业出口总额达78.4亿美元，其中，法国、德国、英国、西班牙、美国、中国香港、荷兰、德国、日本和克罗地亚是排名前十的出口国家或地区，累计份额为64.8%。

表1－13　2017年意大利纺织行业出口情况

	出口（亿美元）	占总出口份额
德国	13.0	11.2%
法国	9.3	8.0%
罗马尼亚	8.5	7.4%
西班牙	6.3	5.4%
英国	5.0	4.3%
美国	5.7	4.9%
中国	4.4	3.8%
土耳其	4.2	3.6%
中国香港	4.0	3.4%
葡萄牙	3.5	3.0%

资料来源：Comtrade，2018年1月。

表1-14 2016年意大利服装行业出口情况

	出口（亿美元）	占总出口份额
法国	9.7	12.3%
德国	8.5	10.8%
英国	6.6	8.5%
西班牙	5.5	7.0%
美国	4.3	5.5%
中国香港	4.3	5.5%
荷兰	3.7	4.8%
德国	3.0	3.9%
日本	2.6	3.4%
克罗地亚	2.5	3.2%

资料来源：Comtrade，2018年1月。

意大利纺织服装工业生产相比于上年有一定程度复苏，不过纺织工业和服装工业相比于整体制造业相对更加不景气。2017年1—12月，纺织工业和服装工业生产指数波动较大，其中纺织工业生产指数3月达到峰值104.0，8月达到最低点30.0；服装工业生产指数7月达到峰值99.2，4月达到最低点48.5。

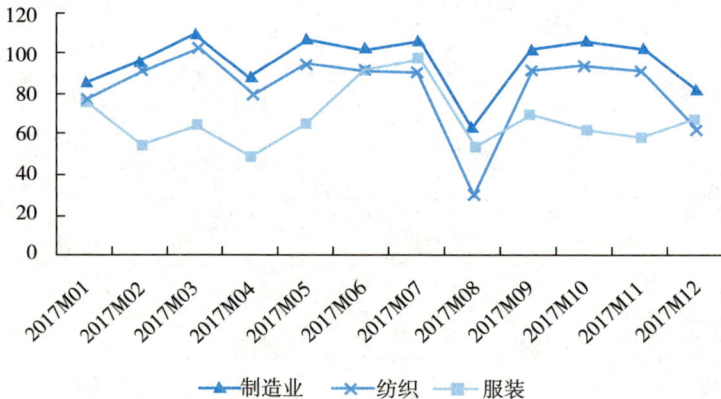

图1-8 2017年1—12月意大利纺织服装行业生产指数变化情况

资料来源：Eurostat，2018年1月。

从工业销售来看，意大利纺织行业与服装行业销售收入相比上年略有提高，与整体制造业态势相近。2017年1—12月，纺织工业和服装工业销售收入指数整体呈现波动态势。与整体制造业相比，各月销售收入指数均接近制造业同期水平。分行业来看，纺织工业和服装行业均呈现较大波动趋势，其中纺织工业 3 月达到峰值 122.7，8 月达到最低点 51.2；服装工业销售收入指数 7 月达到峰值 115.8，4 月达到最低点 74.2。

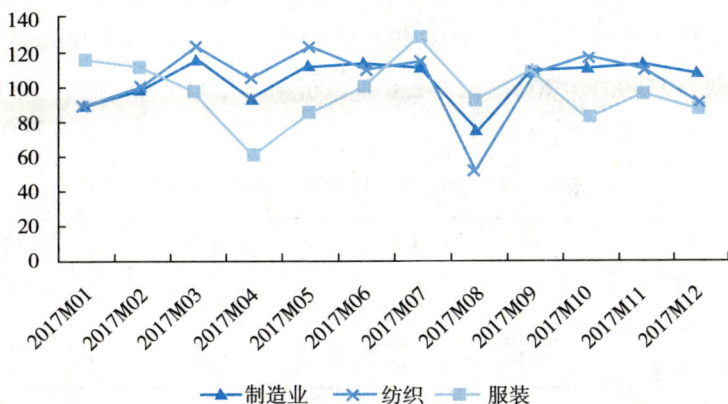

图 1 - 9　2017 年 1—12 月意大利纺织服装行业销售收入指数变化情况

资料来源：Eurostat，2018 年 2 月。

从产品出厂价格来看，意大利纺织与服装行业全年价格比较稳定，纺织服装行业出厂价格指数略高于整个制造业。细分行业方面，2017 年 1—12 月，纺织工业出厂价格指数相比上年没有太大变化，维持在 112.0 左右，平均比制造业出厂价格指数高出 7.0 左右。服装行业价格走势与上年走势相同，都稳定在 106 左右。

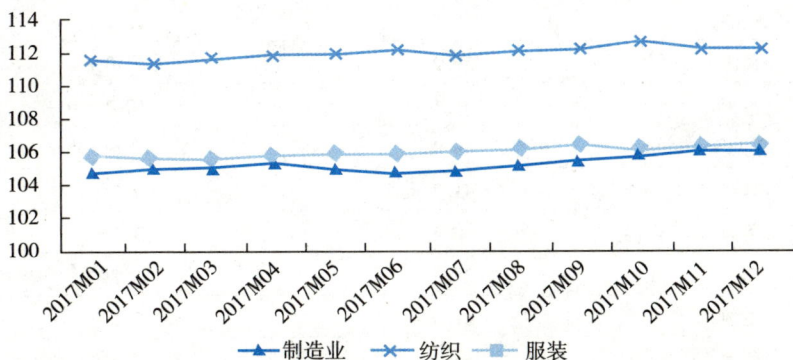

图 1 - 10　2017 年 1—12 月意大利纺织服装行业出厂价格指数变化情况

资料来源：Eurostat，2018 年 2 月。

三、食品工业

(一) 典型食品工业国家——法国

法国食品市场在欧盟排在第二位，其食品工业在制造业中占据非常重要的地位，尤其是食品子行业。2016 年，法国食品行业的销售收入、产值和企业数量分别为 1799.1 亿欧元、1592.0 亿欧元和 57290 个，分别占整体制造业的 21.1%、20.9% 和 26.5%。

表 1-15　2016 年法国食品工业经济指标

	制造业	食品	饮料
销售收入（亿欧元）	8535.5	1525.0	274.1
产值（亿欧元）	7610.3	1342.5	249.5
企业数量（个）	216103	54113	3177.0

资料来源：Eurostat，2018 年 2 月。

2016 年，法国食品出口额达到 550.4 亿美元，与上年出口额非常接近，位居全球第四。出口目的地方面，法国食品主要出口到发达国家，比利时、德国、英国、意大利、西班牙、美国、瑞士、中国、荷兰和阿尔及利亚分别为前十大出口国或地区，累计份额为 68.8%。

表 1-16　2016 年法国食品行业出口情况

	出口（亿美元）	占总出口份额
比利时	60.5	11.1%
德国	59.2	10.9%
英国	51.1	10.2%
意大利	49.0	8.0%
西班牙	41.2	7.7%
美国	40.6	7.1%
瑞士	28.3	5.2%
中国	21.0	3.6%
荷兰	16.1	2.5%
阿尔及利亚	11.7	2.5%

资料来源：Comtrade，2018 年 2 月。

2017 年，法国食品工业复苏缓慢，走势与宏观经济类似。从工业生产来看，法国食品工业生产整体呈现波动发展态势。与 2016 年相比，2017 年食品工业略好于上年。2017 年 1—12 月，食品工业生产指数在 100 左右小幅波动。除 8 月外，食品工业生产指数均低于整体制造业。从具体子行业来看，食品子行业生产情况接近食品工业整体生产水平，而饮料子行业生产情况则明显好于食品工业整体生产水平。

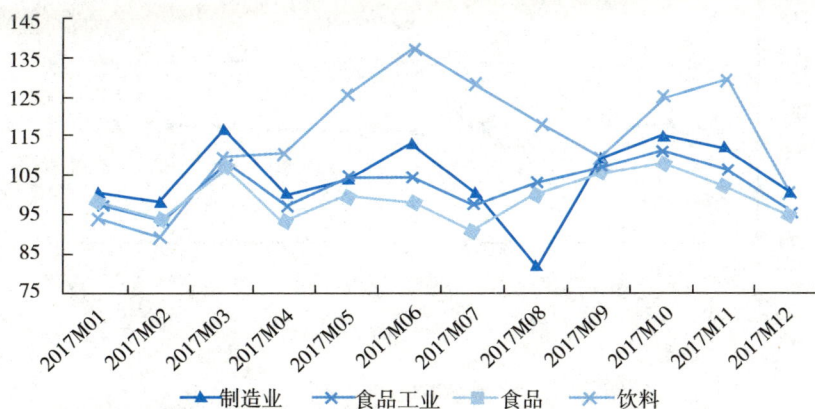

图 1 – 11　2017 年 1—12 月法国食品工业生产指数变化情况

资料来源：Eurostat，2018 年 2 月。

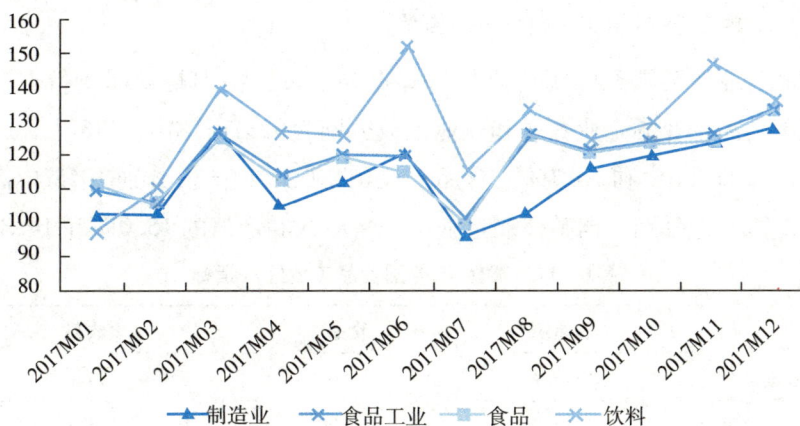

图 1 – 12　2017 年 1—12 月法国食品工业销售收入指数变化情况

资料来源：Eurostat，2018 年 2 月。

销售收入方面，食品工业销售情况相比于上年略有提高。2017 年 1—12 月，各月食品工业销售收入指数平均约为 118.6，较上年提高了 3.6。食品工业销售情况略好于较整体制造业。

从价格走势来看，2017 年法国食品工业整体维持稳定趋势。2017 年 1—12 月，食品工业价格出厂价格指数在 109 左右波动，从细分领域来看，2017 年 1—12 月，法国饮料制造快速发展，各月出厂价格指数均远高于食品工业，维持在 118 左右波动。食品子行业跟整个食品工业出厂价格指数同步率较高。

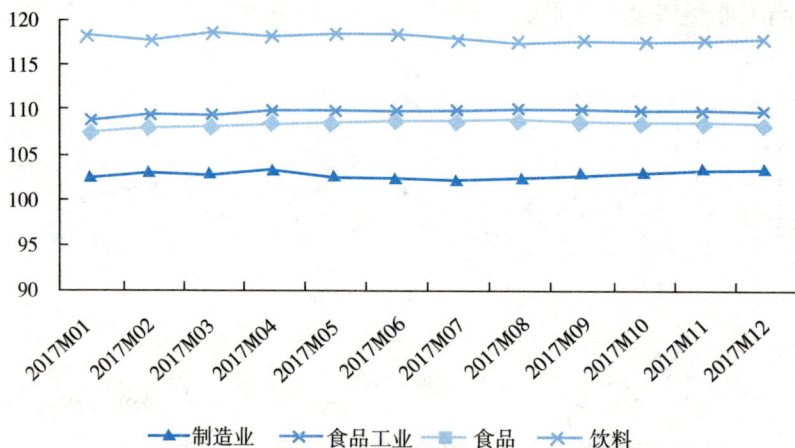

图 1-13　2017 年 1—12 月法国食品工业出厂价格指数变化情况

资料来源：Eurostat，2018 年 2 月。

（二）典型食品工业国家——英国

食品工业在英国整体制造业中占有重要地位，特别是食品子行业。2016 年，英国食品工业的企业数量和就业人数分别为 9231 个和 418178 人，分别占整体制造业的 7.0% 和 16.7%。食品工业销售收入和产值分别 1058.0 亿欧元和 982.1 欧元，分别占据整体制造业的销售收入和产值的 15.0% 和 14.8%。

表 1-17　2016 年英国食品工业经济指标

	制造业	食品	饮料
企业数量（个）	131059	7496	1735
销售收入（亿欧元）	7052.9	1058.0	—
产值（亿欧元）	6611.0	982.1	—
就业人数（人）	2498438	373983	44195

资料来源：Eurostat，2018 年 2 月。

出口目的地方面，英国食品工业出口集中度较高，主要集中在欧盟内部的爱尔兰、法国、荷兰、德国、荷兰和西班牙六国。2016 年，英国食品工业总出口额为 254.7 亿美元，相较于上年增长 1.6%，其中，爱尔兰、美国、法国、荷兰、德国、西班牙、意大利、比利时、中国香港和中国分别为前十大出口国或地区，累计份额为 65.3%，相较于上年提高 1.6 个百分点。

表 1-14　2016 年英国食品行业出口情况

	出口（亿美元）	占总出口份额
爱尔兰	43.3	16.4%
美国	26.2	11.3%
法国	25.1	10.8%
德国	17.5	6.2%
荷兰	15.8	6.1%
西班牙	9.0	5.1%
意大利	7.0	2.7%
比利时	6.1	2.5%
中国	5.1	2.2%
中国香港	4.7	2.1%

资料来源：Eurostat，2018 年 2 月。

2017 年，英国经济复苏，制造业稳定发展，制造业生产指数稳定在 103 左右。食品工业生产恢复加快，整体生产好于上年，价格呈现波动中上升运行态势，2017 年 1—12 月，食品工业生产指数略高于制造业工业生产指数。

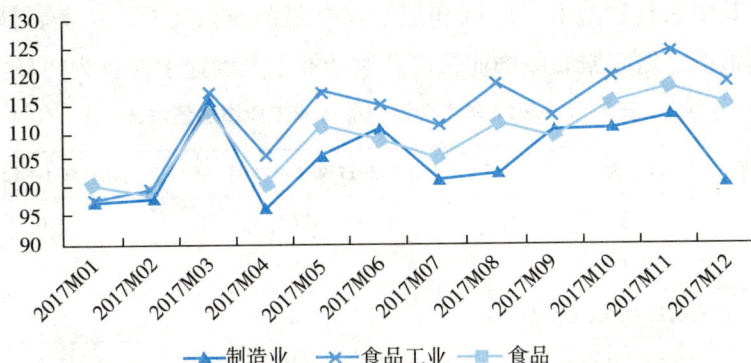

图 1-14　2017 年 1—12 月英国食品工业生产指数变化情况

资料来源：Eurostat，2018 年 2 月。

第二章　2017 年中国消费品工业发展状况

第一节　发展现状

一、国内经济企稳回升，生产增速小幅提升

2017 年是全面落实"十三五"规划的关键一年，也是消费品工业推进供给侧结构性改革、深入实施三品战略重要的一年。1—12 月，全部工业增加值累计增速较上年同期上升了 0.6 个百分点。消费品工业大类中，纺织行业工业增加值增速较上年同期略有小幅下滑，轻工业和医药工业增加值增速分别达到 8.2% 和 12.1%，较上年同期分别均上升了 1.5 个百分点。13 个主要细分行业中，仅造纸及纸制品业、橡胶和塑料制品业、纺织业、化学纤维制造业 4 个行业工业增加值增速出现了不同程度的下滑，其他行业增速均呈现上升趋势，其中家具制造业，印刷和记录媒介复制业，文教、工美、体育和娱乐用品制造业，纺织服装服饰业及医药制造业生产增速上浮较为明显。

表 2-1　2017 年主要消费品行业工业增加值增速　（单位:%）

行　业	2017 年 1—12 月	2016 年 1—12 月
工业	6.6	6.0
轻工	8.2	6.7
农副食品加工业	6.8	6.1
食品制造业	9.1	8.8
酒、饮料和精制茶制造业	9.1	8.0
皮革、毛皮、羽毛及其制品和制鞋业	4.6	3.4

行　业	2017 年 1—12 月	2016 年 1—12 月
家具制造业	9.8	6.6
造纸及纸制品业	4.2	5.9
印刷和记录媒介复制业	10.0	6.1
文教、工美、体育和娱乐用品制造业	9.1	3.2
橡胶和塑料制品业	6.3	7.6
纺织	4.8	4.9
纺织业	4.0	5.5
纺织服装服饰业	5.8	3.8
化学纤维制造业	5.8	6.1
医药	12.1	10.6
医药制造业	12.4	10.8

资料来源：国家统计局，2018 年 2 月。

二、外贸优势不断显现，出口形势整体向好

2017 年，全球经济回暖，国际市场需求总体回升，国内经济稳中有进，促外贸的政策措施陆续出台，影响中国外贸发展的内外环境持续改善，外贸回稳向好势头进一步巩固。1—12 月，轻工业、纺织工业、医药工业出口交货值分别同比增长 7.0%、2.3% 和 10.9%，较之上年同期分别提高 4.4、3.2 和 3.5 个百分点，出口形势不断改善。13 个主要消费品行业中，仅纺织服装服饰业出口出现略微下滑，其他行业出口均呈现增长态势，且仅造纸及纸制品业出口增速较之上年同期下降了 1.4 个百分点，其他行业出口增速较上年同期均有大幅提升。

表 2 – 2　2017 年 1—12 月主要消费品行业出口交货值增速　（单位:%）

行　业	2017 年 1—12 月	2016 年 1—12 月
工业	10.7	0.4
轻工	7.0	2.6
农副食品加工业	6.9	1.8

行　业	2017 年 1—12 月	2016 年 1—12 月
食品制造业	7.0	6.0
酒、饮料和精制茶制造业	2.9	0.6
皮革、毛皮、羽毛及其制品和制鞋业	5.4	0.6
家具制造业	8.0	3.3
造纸及纸制品业	3.1	4.5
印刷和记录媒介复制业	6.2	4.9
文教、工美、体育和娱乐用品制造业	4.2	1.2
橡胶和塑料制品业	8.7	2.0
纺织	2.3	−0.9
纺织业	3.4	0.3
纺织服装服饰业	−0.4	−2.6
化学纤维制造业	20.5	8.1
医药	10.9	7.4
医药制造业	12.4	7.9

资料来源：国家统计局，2018 年 2 月。

三、内需增长相对平稳，投资增长略显乏力

2017 年，在宏观经济健康发展、居民收入稳步增长以及国家多项促消费措施的驱动下，消费信心回暖趋势明显。消费需求方面，12 月消费者信心指数 122.6，同比、环比分别增长 13.1% 和 1.1%。1—12 月，全社会消费品零售总额平稳增长、增速略有小幅波动，全社会消费品零售总额累计值 36.6 万亿元，比上年同期增加了 3.4%，累计增速 10.2%，较上年同期水平略有下降。其中，烟酒类，服装鞋帽、针、纺织品类，家用电器和文化办公用品类零售额累计增长低于平均水平，城镇消费同比增长 10.0%，低于乡村 1.8 个百分点。

消费品工业固定资产投资总体保持低速增长，13 个主要消费品行业中，除酒、饮料和精制茶制造业，印刷和记录媒介复制业及医药制造业外，其他行业固定资产投资均呈现不同程度的增长态势。与上年同期和上年全年相比，仅家具制造业、纺织服装服饰业和化学纤维制造业 3 个子行业固定资产投资

增速出现反弹，其他子行业表现较为乏力。

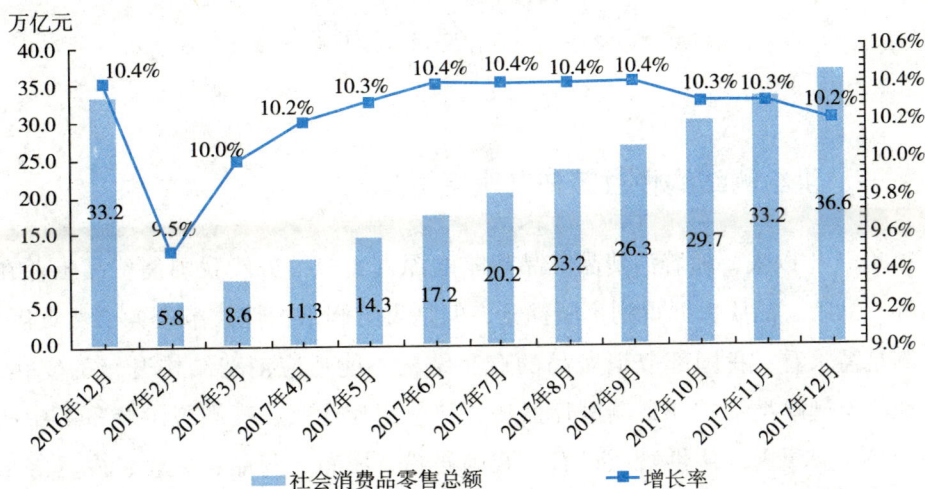

图 2－1　2016 年 12 月—2017 年 12 月全社会消费品零售总额及增速

资料来源：国家统计局，2018 年 2 月。

表 2－3　2017 年主要消费品行业固定资产投资增速　　　（单位：%）

行　业	2017 年 1—12 月	2016 年 1—12 月
制造业	4.8	4.2
农副食品加工业	3.6	9.5
食品制造业	1.7	14.5
酒、饮料和精制茶制造业	－5.9	0.4
皮革、毛皮、羽毛及其制品和制鞋业	4.2	6.6
家具制造业	23.1	6.4
造纸及纸制品业	1.2	9.9
印刷和记录媒介复制业	－0.7	0.2
文教、工美、体育和娱乐用品制造业	8.4	13.5
橡胶和塑料制品业	1.2	7.4
纺织业	5.9	10.7
纺织服装服饰业	7.0	5.6
化学纤维制造业	20.0	0.3
医药制造业	－3.0	8.4

资料来源：国家统计局，2018 年 2 月。

第二节　存在问题

一、供给侧结构性改革任务艰巨

2017 年以来，随着消费品三品战略的深入实施，虽然我国消费品工业在品种、品牌、品质方面得到不断提升，但是供给侧结构性改革任务依然艰巨。从满足需求看，我国部分消费品的产品结构不能适应消费结构升级的变化，例如营养健康类食品、高端医疗器械、智慧医疗产品、高端旅游装备等中高端产品发展缓慢；从供给质量看，我国奶粉、尿布、药品、手表、皮具等产品境外消费依然较大，主要原因是国内生产的部分产品和服务质量不能满足消费需求的提升；从深化改革看，我国轻工、食品等领域的知识产权保护，新业态新模式的标准和监管以及营商环境亟待改善等问题突出。

二、新常态下转型阵痛持续

2017 年，以供给侧结构性改革为核心的结构调整和产业转型仍是主线，由此带来的挑战不可避免。一是中小企业融资难问题依然突出。目前我国以大型银行为主的融资环境下，大型金融机构为小微企业服务的动力不足，而小微企业在质押物普遍缺乏的情况下，难以从正规金融机构获得行业发展需要的资金，流动性缺乏成为企业发展面临的主要障碍，制约着以中小企业为主的消费品工业发展壮大。二是中小企业并购风险加大。随着婴幼儿配方乳粉、医药、盐业、白酒等行业企业兼并重组步伐加快，一些不符合行业要求的中小企业面临生死存亡的挑战。三是部分行业亏损严重。2017 年，消费品工业亏损面和亏损深度整体看均有所好转，部分行业亏损面依然较为严重，其中家用电力器具制造和化学纤维制造业亏损面高于工业平均水平。之后，随着受人工、融资、节能减排、社会福利等综合成本的上升，行业亏损面或将进一步扩大。

表 2 – 4   2017 年 1—12 月主要消费品行业亏损情况及比较

行业名称	亏损面			亏损深度		
	2017 年	2016 年	变化	2017 年	2016 年	变化
工业	11.8%	11.9%	– 0.1%	9.1%	11.9%	– 2.8%
轻工	10.2%	9.4%	0.8%	4.6%	4.3%	0.3%
农副食品加工业	9.2%	7.9%	1.3%	5.2%	4.3%	0.9%
食品制造业	9.7%	8.5%	1.2%	4.6%	3.7%	0.9%
酒、饮料和精制茶制造业	9.4%	8.8%	0.6%	3.9%	4.7%	– 0.8%
皮革、毛皮、羽毛及其制品和制鞋业	9.1%	8.9%	0.2%	3.1%	3.1%	0.0%
家具制造业	10.1%	9.0%	1.1%	4.0%	3.6%	0.4%
造纸及纸制品业	10.1%	11.2%	– 1.1%	4.0%	9.2%	– 5.2%
印刷业和记录媒介的复制	10.9%	11.3%	– 0.4%	4.8%	4.7%	0.1%
文教、工美、体育和娱乐用品制造业	8.6%	7.9%	0.7%	3.3%	2.7%	0.6%
塑料制品业	11.2%	10.5%	0.7%	5.9%	4.9%	1.0%
家用电力器具制造	14.0%	13.0%	1.0%	2.8%	1.8%	1.0%
纺织	11.0%	10.4%	0.6%	4.5%	4.2%	0.3%
纺织业	10.6%	9.8%	0.8%	4.6%	3.5%	1.1%
纺织服装服饰业	11.3%	10.6%	0.7%	4.2%	3.9%	0.3%
化学纤维制造业	13.0%	16.3%	– 3.3%	5.3%	9.7%	– 4.4%
医药	10.6%	10.1%	0.5%	2.6%	3.0%	– 0.4%
医药制造业	10.5%	10.2%	0.3%	2.4%	3.0%	– 0.6%

资料来源：国家统计局，2018 年 2 月。

三、有效需求总体仍偏弱

消费品工业投资相对乏力，受金融支持不足、投资回报走低等因素影响回升难度依然较大。消费增长基本平稳，但受居民收入增速放缓、部分困难地区和行业企业经营困难影响，消费保持较快增长难度进一步加大。消费品有效需求乏力和有效供给不足并存，尤其是高品质产品和服务的有效供给是个短板。同时，全球经济复苏存在"换挡风险"，受贸易保护主义、竞争性贬值、经济孤岛主义、地缘政治冲突、美国新政府政策走势等不确定不稳定因素影响，稳出口难度依然较大。

第三节　对策建议

一、深入推进结构调整，促进消费品工业迈向中高端

一是优化区域产业发展格局。贯彻落实轻工、纺织、食品、医药等"十三五"发展规划精神，研究完善差别化区域产业政策，引导产业有序转移，引导产业加强区域内外融合和协同发展，培育各区域比较优势和新的产业优势。二是推进产业集群提升发展。通过部省合作、行业与地方合作、园区协作等方式，加强规划和顶层设计，推进第二次创业发展。通过培训交流、媒体推广、高峰论坛、展览展会等方式，促进消费品"三品"示范城市、纺织服装创意设计试点示范园区（平台）发挥示范引导作用。总结推广江苏、浙江等地特色产业小镇发展经验，发挥这些特色小镇典型的示范引领作用。

二、关注"五大幸福产业"，加快推进健康中国建设

一是结合"五大幸福产业"（旅游、文化、体育、健康、养老）的快速发展需求，促进产业融合，积极发展营养与健康食品、康复辅助器具、健身产品、智慧医疗产品等健康类消费品，发展中高端旅游装备、工艺美术品和旅游纪念品，适应、满足和创造幸福行业的发展需求，培育新增长点。二是结合《健康中国2030》和深化医药卫生体制改革重点工作的相关精神，加强我国医药储备管理研究，建立常态低价短缺药储备，建立相互补充的低价短缺药储备。三是完善低价药品短缺预警机制，重点加强对易短缺药品原料和制剂生产供应情况的监测。开展小品种药生产基地建设，保障基本药物和短缺药品的生产供应。

三、推进供给侧结构性改革，深入实施"三品"战略

一是深入开展消费品工业"三品"专项行动。借助《升级和创新消费品指南》的编制，促进轻工工业设计、纺织服装创意设计和新产品开发，新增

一批药品、医疗器械上市，增加高质量、高水平消费品的有效供给，促进消费稳定增长。二是联合专家、行业、企业资源，借鉴"浙江制造"标准和质量管理的先进经验，开展消费品"三品"相关的标准、评估规范等的研究。三是重视并支撑新的消费模式。以分享经济、共享经济为代表的新业态、新模式，正向多领域渗透并快速繁荣，对消费品领域供给结构调整提出了新的挑战。可对新消费模式发展的需求，制定推进措施，适时研究制定标准，积极调整供给结构，快速适应新一轮科技革命和产业变革对行业的挑战。

行　业　篇

第三章　纺织工业

第一节　发展情况

一、运行情况

（一）生产增速小幅下滑

2017 年，纺织工业增加值累计增长 4.8%，较之上年下降 0.1 个百分点，为近五年来的最低水平，行业下行压力仍然巨大。分行业看，纺织服装服饰业生产增速明显上升，从 2016 年的 3.8% 提高到 2017 年的 5.8%，而纺织业和化学纤维制造业生产增速则出现不同程度的下滑。

表 3-1　2017 年纺织工业增加值增速与上年之比

行业	1—3 月	1—6 月	1—9 月	1—12 月
纺织工业	76.1%	81.5%	92.9%	98.0%
其中：纺织业	55.8%	61.6%	69.4%	72.7%
纺织服装服饰业	119.2%	138.8%	152.4%	152.6%
化学纤维制造业	89.2%	41.1%	67.9%	95.1%

注：2016 年、2017 年均为正增长。

资料来源：国家统计局，2018 年 1 月。

2017 年，除毛机织物和服装产量继续保持负增长态势外，其余大类产品产量均小幅增长，但增幅大多收窄，仅纱、绒线和化学纤维产量增速略有提高。与上年相比，无纺布行业景气度明显下降，全年增速仅为 0.1%，与上年相比大幅下滑 6.7 个百分点。

表3-2 2017年纺织工业主要产品产量累计增速与上年之差

产品	1—3月	1—6月	1—9月	1—12月
纱	0.2%	-0.9%	-1.5%	2.1%
布	1.6%	2.4%	1.6%	-1.5%
绒线	2.1%	6.7%	8.7%	4.1%
毛机织物	5.9%	3.7%	2.4%	-0.1%
蚕丝	10.4%	1.0%	-2.7%	-2.4%
无纺布	-4.5%	-4.4%	-5.7%	-6.7%
服装	0.8%	1.1%	0.3%	-1.0%
化学纤维	1.7%	-3.4%	-0.5%	1.2%

资料来源：国家统计局，2018年1月。

（二）出口形势明显好转

2017年，随着"一带一路"倡议的深入实施以及行业结构调整的持续推进，纺织工业出口形势明显扭转，实现出口交货值8567.9亿元，同比增长2.3%，结束了多年以来的负增长态势，增长速度普遍高于上年同期水平。

分行业看，化学纤维国际需求动力强劲，出口交货值同比大幅增长20.5%，占纺织工业出口总额的比重也由2016年的5.4%上升到2017年的6.7%。纺织服装服饰业仍然持续负增长态势，但降幅明显低于上年同期水平，出口颓势有所扭转。纺织业出口增速同样保持稳中有升的态势，占纺织工业出口总额的比重也由2016年的39.8%上升到2017年的40.2%。

出口区域看，对"一带一路"国家出口占比最大，超过全部出口额的30%，且在政府和企业的共同努力下，连续两年的负增长态势得以扭转。此外，对欧美日等传统市场的出口形势也逐渐回暖。

表3-3 2017年纺织工业出口交货值累计增速与上年之差

行业	1—3月	1—6月	1—9月	1—12月
纺织工业	4.0%	4.0%	3.9%	3.2%
其中：纺织业	5.5%	3.5%	4.4%	3.1%
纺织服装服饰业	2.5%	3.3%	2.5%	2.2%
化学纤维制造业	6.1%	12.4%	12.7%	12.4%

资料来源：国家统计局，2018年1月。

（三）投资增速持续回落

2017年，纺织工业完成固定资产投资13243.3亿元，同比增长5.6%，较之上年下降2.1个百分点。分区域看，东部地区投资占比超过80%。由于东部地区新增产能较少，投资多用于企业转型升级投入。

分行业看，纺织服装服饰业和化学纤维制造业两大细分行业投资增速均较上年有所上升。其中，化学纤维制造业投资同比增长20%，远高于行业平均水平。受终端需求不旺和行业结构调整影响，纺织业固定资产投资增速与上年相比下滑4.8个百分点。

表3-4　2017年纺织工业固定资产投资累计增速与上年之差

行业	1—3月	1—6月	1—9月	1—12月
制造业	−0.6%	2.2%	1.1%	0.6%
纺织工业	0.5%	2.1%	−0.6%	−2.1%
其中：纺织业	−6.0%	−5.7%	−2.9%	−4.8%
纺织服装服饰业	3.9%	7.6%	−1.3%	1.4%
化学纤维制造业	19.0%	21.0%	15.1%	19.7%

资料来源：国家统计局，2018年1月。

（四）消费需求稳中趋缓

2017年，全社会消费品零售总额达到366261.6亿元，同比增长10.2%，与上年相比下降0.2个百分点。其中，服装鞋帽、针、纺织品类商品全年零售额累计14556.6亿元，同比增长7.8%，增速较之上年增加0.8个百分点，但占零售总额的比重由2016年的4.3%下降到2017年的4%，纺织工业消费需求放缓趋势仍然没有明显改变。但是就服装类商品看，消费需求颓势有所改善，2017年零售额同比增长8%，不仅高于上年水平，也高于行业平均水平。

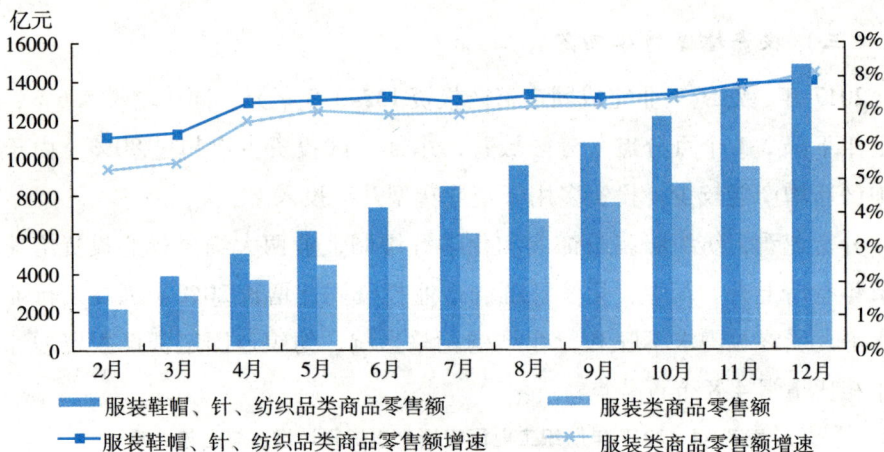

图3-1　2017年限上企业纺织类商品零售总额及增速

资料来源：国家统计局，2018年1月。

二、效益情况

（一）盈利能力小幅提升

2017年，纺织工业实现主营业务收入67786亿元，同比增长4.1%；利润总额3685.4亿元，同比增长6.6%。与上年相比，收入和利润增速分别增长0.4和3个百分点，行业盈利能力有所提升。但从销售利润率看，盈利能力提升幅度有限。

分行业看，纺织服装服饰业收入增速大幅下滑，低于上年3.5个百分点，但随着服装电商、个性化定制等新兴业态的发展，行业利润增速较之上年小幅提升0.5个百分点。随着下游需求的回暖，化学纤维制造业在价格上涨的同时仍然能够维持稳定的市场规模，从而带来收入和利润的大幅增长，增速分别达到15.7%和38.3%，销售利润率与上年相比达到117.8%。

从盈利结构看，纺织业收入和利润仍占整个纺织工业的50%以上，但纺织服装服饰业的收入占比、化学纤维制造业的利润占比分别有所增长，行业结构调整成效初显。

表3-5 2017年纺织工业盈利情况与上年比较

行 业	收入增速		利润增速		收入占纺织工业的比重		利润占纺织工业的比重	
	2016年	2017年	2016年	2017年	2016年	2017年	2016年	2017年
纺织工业	3.7%	4.1%	3.6%	6.6%	—	—	—	—
其中：纺织业	3.9%	3.7%	3.5%	3.6%	56.7%	56.2%	55.9%	53.6%
纺织服装服饰业	4.6%	1.1%	2.4%	2.9%	32.7%	33.3%	34.8%	34.3%
化学纤维制造业	3.7%	15.7%	19.9%	38.3%	10.6%	10.5%	9.3%	12.1%

资料来源：国家统计局，2018年1月。

表3-6 2017年纺织工业销售利润率与上年之比

行 业	3月	6月	9月	12月
纺织工业	101.5%	101.6%	102.4%	102.4%
其中：纺织业	97.1%	95.8%	96.4%	96.8%
纺织服装服饰业	103.9%	104.0%	105.1%	99.8%
化学纤维制造业	157.7%	132.5%	128.1%	117.8%

注：2016年、2017年均为正增长

资料来源：国家统计局，2018年1月。

（二）亏损情况有所恶化

2017年，纺织工业共有4165家企业出现亏损，亏损面为11%；亏损企业累计亏损额达到166.9亿元，亏损深度为4.5%。横向比较，亏损面和亏损深度较之上年分别增加0.6和0.3个百分点。纵向比较，纺织工业亏损情况虽好于工业平均水平，但与工业亏损情况较之2016年有所好转的趋势相比，纺织工业亏损情况仍应引起业界重视。

分行业看，化学纤维制造业亏损面和亏损深度分别由上年的16.3%和9.7%下降为13%和5.3%，持续两年的两极分化现象有所缓解。而纺织业和纺织服装服饰业的亏损面和亏损深度较之上年更为严重，进而导致整个纺织行业亏损情况的恶化。

表3-7　2017年纺织工业亏损情况与上年比较

行　业	亏损面		亏损深度	
	2016年	2017年	2016年	2017年
工业	11.9%	11.8%	11.9%	9.1%
纺织工业	10.4%	11.0%	4.2%	4.5%
其中：纺织业	9.8%	10.6%	3.5%	4.6%
纺织服装服饰业	10.6%	11.3%	3.9%	4.2%
化学纤维制造业	16.3%	13.0%	9.7%	5.3%

资料来源：国家统计局，2018年1月。

三、重点领域情况

（一）服装产业

2017年，服装行业完成产量2878078.2万件，同比下降2.6%；实现主营业务收入21903.9亿元，同比增长1.1%；利润总额1263.7亿元，同比增长2.9%；完成服装及衣着附件出口1571.8亿美元，同比下降0.4%。从行业运行情况看，2017年服装产业发展保持稳中趋缓的态势，转型升级和结构调整仍在继续。

2017年，随着行业转型升级的持续推进，"新零售""消费升级""品牌年轻化""跨界融合"等新兴业态不断出现，推动行业高端化发展。服装电商快速发展，以GUCCI、Stella Mc Cartney、Dior为代表的国际一线品牌也纷纷通过天猫、微信等平台加速布局电商，开启奢侈品牌电商元年。

（二）化纤行业

2017年是《化纤工业"十三五"发展指导意见》战略规划落地实施的第二年，也是规划执行至关重要的一年。随着相关政策措施的推动，化纤行业表现优异，全年产量、主营业务收入、利润总额分别增长5%、15.7%、38.3%，远远高出工业和纺织工业平均水平。同时，行业规范化水平和创新能力得到进一步提升，《仿棉聚酯纤维》（T/CCFA 01006.1~6—2013）和《循环再利用化学纤维（涤纶）行业绿色采购规范》（T/CCFA 00006—2016）两项标准入选"2017年团体标准应用示范项目"，"管外降膜式液相增黏反应器创制及熔体直纺涤纶工业丝新技术"和"干法纺聚酰亚胺纤维制备关键技术及产业化"两项技术荣获国家科学技术二等奖,"大丝束碳纤维碳化项目"建成投产拉动产业链向上下游延伸。[①]

第二节 存在问题

一、国际贸易形势严峻

2017 年,随着"一带一路"建设的加快推进,纺织企业国际化布局的意识进一步增强,行业外贸形势企稳回升。但与此同时,贸易摩擦也更加严峻。上半年,我国纺织业遭遇新立贸易救济案 8 起(涉案金额近 4.3 亿美元),预警案件 2 起(涉案金额近 10.7 亿美元),涉及美国、印度、哥伦比亚、土耳其等多个国家和地区,案件数量与上年同期相比增长 33%。[②] 下半年,印度和印尼分别对我国带织物和聚酯纱线发起反倾销调查,美国、加拿大、欧盟、澳大利亚等市场召回纺织及鞋类产品 19 例。虽然在以商务部为主导的四体联动应对机制的帮助下,企业应诉的积极性和有效性有所提升,但贸易摩擦对行业发展带来的负面影响仍然不容小觑。[③]

二、成本压力尚未缓解

由于国际原油价格上涨,国内棉花市场偏紧,用电、人工成本持续增加,用能、用工、物流、融资四大成本迅速上涨,而"营改增"等政策的实施对企业减负作用有限,纺织工业面临的成本压力仍然较大。以化学纤维制造业为例,2017 年主营业务成本增长 15.2%,较之上年同期增加 12 个百分点。成本居高不下导致我国纺织产品在传统市场所占份额的流失,1—11 月在美、日、欧三大纺织品服装进口市场所占份额较上年同期分别下滑 0.4 个、0.9 个

---

① 《2017 化纤行业大盘点,这十大新闻不容错过!》,中国纺织网,2018 年 1 月 15 日。
② 《2017 年纺织服装行业国际化发展趋势》,《中国纺织报》2017 年 12 月 29 日。
③ 《纺织贸易摩擦呈多元化上升趋势》,《中国纺织报》2017 年 7 月 31 日。

和0.9个百分点。①

三、去库存压力加大

2017年，纺织工业产成品存货同比增长3.6%，较之上年增加3.7个百分点；产成品存货占总存货的比重为44.6%，较之上年下降1.5个百分点，去库存再次成为行业供给侧改革的重点。化学纤维制造业库存高企现象尤其严重，2017年产成品存货增速增加29个百分点，远高于行业平均水平。库存偏高一方面增加了企业的管理成本，也抑制了产品价格攀升的动力，进一步挤压了企业的利润空间。

表3-8　2017年纺织工业库存变化情况

行业	产成品存货同比增速			产成品存货占总存货的比重		
	2016年	2017年	变化	2016年	2017年	变化
纺织工业	-0.1%	3.6%	3.7%	46.1%	44.6%	-1.5%
其中：纺织业	0.0%	2.0%	2.0%	42.9%	41.9%	-1.0%
纺织服装服饰业	4.2%	1.5%	-2.7%	51.6%	49.2%	-2.4%
化学纤维制造业	-11.5%	17.5%	29.0%	45.8%	44.5%	-1.3%

资料来源：国家统计局，2018年1月。

四、资源环境压力加大

随着产业规模的快速扩张，纺织工业已经成为我国排名第四的高排放行业。2017年，随着《国家环境保护标准"十三五"发展规划》《环境保护税法实施条例》《中国化纤工业绿色发展行动方案》等文件的颁布实施，国内环保监管更加严格，进一步增加了纺织企业的环保投入。而在政策高压下，部分中小企业只能被迫停产，生产和投资活动均受到限制。此外，随着《纺织工业发展规划（2016—2020年)》的深入推进，纺织行业绿色制造、绿色产品标准体系建设进入关键期，企业技术改造和节能减排的投入压力也随之上升。

---

① 《纺织行业2017年全年经济运行报告》，纺织经济信息网，2018年2月2日。

第四章 生物医药及高性能医疗器械行业

第一节 发展情况

一、运行情况

（一）工业增加值增速领先全工业，增速继续保持两位数

2017年，与全工业个位数增速相比，医药工业增速继续保持两位数。1—12月，全工业工业增加值增速在6.3%—6.9%区间浮动，相比于2016年增速出现小幅度回升。2017年1—12月，医药行业工业增加值增速在10.7%—12.4%左右浮动，全年各月工业增加值都保持两位数的增长，增速继续保持上升势头。2017年1—12月，全国规模以上工业增加值同比增长6.6%，增速同比上升0.6个百分点，经济增速出现回暖趋势。2017年1—12月，医药工业增加值同比增长12.1%，增速同比上升1.5个百分点，比工业增速平均水平高5.5个百分点，行业发展势头良好，在各工业门类中排名前列。2011—2017年，医药行业工业增加值占全工业比重由2.3%上升到3.2%，增加0.9个百分点，反映出医药工业对工业经济增长的贡献进一步扩大。

表4—1　2016—2017年1—12月工业和医药行业增加值增速比较

时间	工业		医药行业	
	2016	2017	2016	2017
1—12月	6.0%	6.6%	10.6%	12.1%

资料来源：国家统计局，2018年2月。

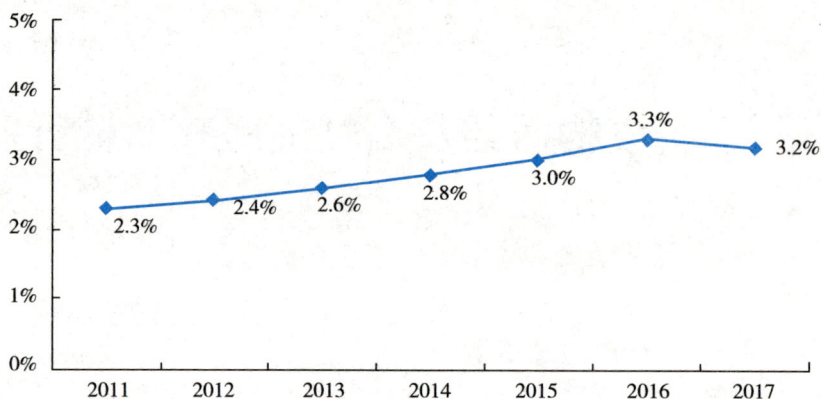

图4－1 2011—2017年医药行业工业增加值占全工业比重

资料来源：国家统计局，2018年2月。

（二）投资规模小幅回落，投资热情上热下冷

2017年1—12月，医药行业固定资产单月投资规模相比2016年出现上半年增加，下半年减少的局面。尤其是进入8月份之后，投资明显回落，相比2016年同期出现负增长。这主要是因为上半年全球投资避险情绪严重，加之政策引导，医药行业作为民生行业受到了资金的青睐，下半年，由于监管部门对于企业经营管理、生产流程、药品质量的抽检力度和经营要求进一步加大，多家企业因此停工停产，影响了企业的投资力度。2017年1—12月，医药制造业完成固定资产投资5986.3亿元，同比下降3.0%。年初投资热情最为高涨，1—2月相比上年同期增长10.2%。"中国制造2025"重点领域、新产品产业化仍是医药企业投资重点，生物药和高能医疗器械领域建设新投资明显增加。

表4－2 2016—2017年1—12月医药行业固定资产投资

时间	2016 年		2017 年	
	投资额（亿元）	比上年同期增长（%）	投资额（亿元）	比上年同期增长（%）
1—2 月	382.3	10.2%	421.2	10.2%
1—3 月	894.9	12.1%	967.1	8.1%
1—4 月	1417.7	15.0%	1480.2	4.4%
1—5 月	2029.9	15.3%	2085.5	2.7%

续表

时间	2016 年		2017 年	
	投资额（亿元）	比上年同期增长（%）	投资额（亿元）	比上年同期增长（%）
1—6 月	2770.8	11.7%	2846.3	2.7%
1—7 月	3351.8	11.3%	3369.4	0.5%
1—8 月	3914.1	9.0%	3901.2	−0.2%
1—9 月	4551.7	8.3%	4442.6	−2.3%
1—10 月	5206.9	8.9%	4996.1	−3.8%
1—11 月	5746.6	8.5%	5468.5	−4.3%
1—12 月	6299.2	8.4%	5986.3	−3.0%

资料来源：国家统计局，2018 年 2 月。

（三）出口交货值增速明显提高，出口额增幅五年最高

2017 年 1—12 月，医药工业规模以上企业实现出口交货值 2041.9 亿元，同比增长 10.9%，相比 2016 年的增速上升 3.5 个百分点。根据海关进出口数据，2017 年，我国医药保健品出口金额为 608.0 亿美元，扭转了上年下降的局面，增长 9.4%，增幅达到 5 年来最高。这主要受益于国际市场需求上升，我国供给侧改革初现成效，医药出口量减价增。从细分行业分析，化药原料药制造、医疗仪器设备及器械制造和生物药品制造三大子行业出口交货值遥遥领先，对医药行业出口贡献最大。从增速来看，中成药生产出口交货值相比上年同期增长最快，达到 22.0%，这主要受益于 2017 年《中医药法》等利好政策的出台。

表 4 - 3　2017 年 1—12 月医药行业及主要子行业出口交货值情况

行业名称	出口交货值（亿元）	比上年同期增长
医药行业	2041.9	10.9%
化学药品原料药制造	640.6	9.0%
化学药品制剂制造	198.2	12.5%
中药饮片加工	37.2	3.6%
中成药生产	51.0	22.0%
生物药品制造	337.3	18.5%
卫生材料及医药用品制造	221.1	15.8%
医疗仪器设备及器械制造	519.2	6.7%

资料来源：国家统计局，2018 年 2 月。

二、效益情况

（一）主营业务收入回归两位数增长，利润增速好于收入增速

2017年1—12月，医药工业规模以上企业实现主营业务收入28185.5亿元，同比增长12.5%，高于全国工业增速1.4个百分点，增速较上年提高2.8个百分点，实现了两位数增长的规划目标。

2017年1—12月，除医疗仪器设备及器械制造外，其他子行业增速均实现增长，化学药品原料药制造表现最为突出。8个子行业中，主营业务收入最多的是化学药品制剂制造，其次为中成药生产，中药饮片加工最少。增速方面，中药饮片加工、化学药品原料药制造和卫生材料及医药用品制造3个细分行业增速遥遥领先，中成药制造增速明显低于行业平均增速。

表4-4　2017年1—12月医药行业及主要子行业主营业务收入情况

行业	主营业务收入（亿元）	同比增长	比重	2016年增速
医药行业	28185.5	12.5%	100.0%	9.7%
化学药品原料药制造	4991.7	14.7%	17.7%	8.4%
化学药品制剂制造	8340.6	12.9%	29.6%	10.8%
中药饮片加工	2165.3	16.7%	7.7%	12.7%
中成药制造	5735.8	8.4%	20.4%	7.9%
生物药品制造	3311.0	11.8%	11.7%	9.5%
卫生材料及医药用品制造	2266.8	13.5%	8.0%	11.4%
医疗仪器设备及器械制造	2828.0	10.7%	10.0%	13.2%

资料来源：国家统计局，2018年2月。

2017年1—12月，医药行业规模以上企业实现利润总额3314.1亿元，同比增长17.8%，低于全国工业利润增速3.2个百分点，利润率为11.8%，高于全国工业利润率5.3个百分点，与上年同期相比，利润率提高1.5个百分点。同时，利润总额增速高于主营业务收入增速，说明医药行业盈利水平较高。细分行业中，化学药品制剂制造和中成药制造表现突出，中药饮片加工利润总额最小。利润增速方面，生物药品制造表现最为突出，增速超过25%。

表 4 – 5 2017 年医药工业利润总额和利润率完成情况

行业	利润总额（亿元）	同比增长	利润率	2016 年利润率
医药行业	3314.1	17.8%	11.8%	10.3%
化学药品原料药制造	436.1	13.7%	8.7%	7.0%
化学药品制剂制造	1170.3	22.1%	14.0%	10.8%
中药饮片加工	153.5	15.2%	7.1%	6.3%
中成药制造	707.2	10.0%	12.3%	10.0%
生物药品制造	499.0	26.8%	15.1%	11.5%
卫生材料及医药用品制造	213.9	14.4%	9.4%	8.0%
医疗仪器设备及器械制造	325.1	6.8%	11.5%	8.4%

资料来源：国家统计局，2018 年 2 月。

（二）资产负债率呈现微升态势，长期偿债能力平稳发展

2017 年 1—12 月，医药工业总资产增长速度快于总负债增长速度，资产负债率为 40.4%，相比 2016 年的 40.2% 呈现微升的态势，长期来看偿债能力处于平稳发展阶段。2017 年 1—12 月，医药工业资产同比增长 10.8%；同期，医药行业负债同比增长 9.9%。

表 4 – 6 2017 年 1—12 月医药工业资产负债情况

时间	资产同比增长	负债同比增长
1—2 月	14.6%	10.9%
1—3 月	13.9%	11.0%
1—4 月	13.9%	10.3%
1—5 月	13.5%	9.7%
1—6 月	13.1%	10.6%
1—7 月	12.5%	9.5%
1—8 月	10.8%	7.5%
1—9 月	10.8%	8.4%
1—10 月	11.4%	9.8%
1—11 月	11.2%	9.8%
1—12 月	10.8%	9.9%

资料来源：国家统计局，2018 年 2 月。

（三）亏损面和亏损深度表现各异，行业长期盈利能力提高

2017 年 1—12 月，医药工业亏损面相比上年同期有小幅度增大，亏损深度呈现降低趋势，行业发展势头总体良好，盈利能力提高。2017 年，医药工业企业数为 7697 家，其中亏损企业数 809 家，亏损面为 10.5%，相比 2016 年的 10.2% 有所增大。亏损企业累计亏损额为 80.6 亿元，亏损深度为 2.4%，相比 2016 年的 3.0% 呈现继续降低局面。从细分子行业看，亏损面方面，中成药行业亏损面最大，为 12.7%，高于医药制造业 2.2 个百分点，中药饮片和卫生材料及医药用品行业亏损面较小，分别为 8.2% 和 8.4%，分别低于医药工业 2.3 和 2.1 个百分点。亏损深度方面，化学原料药最高，为 5.5%，亏损深度最低的为卫生材料及医药用品行业，为 1.3%。

表 4−7　2017 年 1—12 月医药工业及主要子行业亏损情况

行业	亏损面	亏损深度
医药制造业	10.5%	2.4%
化学原料药	12.1%	5.5%
化学制剂	10.1%	1.6%
中药饮片	8.2%	2.3%
中成药	12.7%	2.0%
生物药品	10.9%	2.8%
卫生材料及医药用品	8.4%	1.3%
医疗器械	11.1%	4.3%

资料来源：国家统计局，2018 年 2 月。

三、重点领域情况

（一）化学制药行业仍为贡献最大细分行业

2017 年，在《中国制造 2025》等政策的引导下，生物制药和医疗设备及器械行业得到了快速发展，但是从产业规模来看，化学制药行业依然以 47.3% 的占比占据绝对优势。2017 年 1—12 月，化学原料药制造及化学制剂收入和利润增速都出现明显提高，行业盈利能力进一步加强。从主营业务收入看，2017 年 1—12 月，化学药品原料药制造业实现主营业务收入 4991.7 亿元，同比增长 14.7%，增速较上年同期提高 6.3 个百分点，说明化学原料药行业在完成新版 GMP 改造、厂址搬迁等任务后，进入发展新时期;；化学药品制剂制造业实现主营业务收入 8340.6 亿元，同比增长 12.9%，增速较上年同期上升 2.1 个百分点。从行业利润看，2017 年 1—12 月，化学药品原药制造业实现利润总额 436.1 亿元，同比增长 13.7%，增速较上年同期下降 12.2 个百分点；化学药品制剂制造业实现利润总额 1170.3 亿元，同比增长 22.1%，增速较上年同期上升 5.3 个百分点。

（二）中成药制造业发展势头回暖

2017 年 1—12 月，中成药制造业主营业务收入总额仅次于化学制药行业，但其增速相比其他细分行业表现平平，成为全部细分行业中增速最慢的子行业，但相比 2016 年增速有所提高。利润方面，相比 2016 年，增速出现小幅回升。2017 年 1—12 月，医药行业主营业务收入增速为 12.5%，中成药制造增速仅为 8.4%，成为影响全行业增速的重点子行业，与 2016 年 7.9% 的增速相比，提高 0.5 个百分点，发展势头回暖。利润方面，2017 年 1—12 月，中成药制造业利润增速为 10.0%，相比 2016 年的 9.0% 升高 1 个百分点。随着 2017 年《中医药法》的出台，相信未来几年中成药制造业会继续保持良好发展势头。

（三）生物药品制造业继续保持高速发展势头

近两年，受益于《中国制造 2025》政策影响及国家对于战略性新兴产业和高新技术行业的支持，生物药品制造业收入和利润继续保持高速发展。2017 年，生物药品制造业收入和利润增速相比 2016 年都有所提高，发展势头良好。2017 年 1—12 月，主营业务收入方面，生物药品制造业增速为 11.8%，相比 2016 年的 9.5% 上升 2.3 个百分点。利润方面，2017 年 1—12 月，生物药品制造业增速为 26.8%，相比 2016 年的 11.3% 提高 15.5 个百分点，盈利能力大幅提高。"十三五"期间，随着国家对于生物制药行业的政策支持，该细分行业将成医药行业发展势头最好的细分行业。

（四）医疗器械行业发展降温

"十三五"以来，受国家政策和市场需求推动，医疗器械行业产业规模持续快速增长，尤其是 2016 年，医疗器械行业成为表现最为突出的细分行业，进入 2017 年，随着政策进入稳定期，投资趋于理性化，医疗器械行业发展相比 2016 年出现明显降温。2017 年，医疗器械行业主营业务收入和利润总额增速相比其他子行业都明显落后，相比 2016 年更是出现明显下滑。2017 年，主营业务收入方面，医疗器械行业增速达到 10.7%，比医药行业整体增速低了 1.8 个百分点，与上年相比，增速低了 2.5 个百分点。利润方面，医疗器械行业增速为 6.8%，成为医药行业所有细分行业中唯一利润增速为个位数的行业，比医药行业整体增速低了 11 个百分点，与上年相比，增速低了 21.5 个百分点。

第二节　存在问题

一、监管升级及合规趋严，企业研产销成本压力增大

医药工业企业面临的成本压力将进一步增大。首先，化学药新分类改革方案初步实施、仿制药质量和疗效一致性评价全面推进、药物临床试验数据核查流程化都将加大企业研发成本，95% 以上的医药工业企业将受到冲击。一致性评价单个品种的成本在 600 万元左右，中小医药工业企业本身实力较弱，难以承受高昂的评价成本。对于大企业而言，由于涉及的品种有几十个甚至几百个，评价成本同样难以承受。其次，智能化制造，生产工艺自查（《关于开展药品生产工艺核对工作的公告》）、飞检定向检查常态化（《药品医疗器械飞行检查办法》）、节能环保与安全生产等标准的提高以及强制性清洁生产审核的日趋严格，企业生产成本的增加同样不可忽视。再次，全面实施"营改增"、飞检频次增加（《关于整顿药品流通领域违法经营行为的公告》）以及"两票制"逐步落地也增加了产业链下游的流通成本。

二、市场和政策仍将影响药品供应波动

药品供给保障问题近年来日益突出。2018 年，市场失灵和政策扶持配套机制不完善等因素导致的药品供给波动仍不可忽视。首先，全面推进的仿制

药一致性评价将对部分临床必需、不可替代的药品和低价药供给产生重要影响。受制于药品本身的盈利空间、企业实力、评价成本等多重因素的影响，部分企业可能会主动放弃部分品种质量和疗效的一致性评价进而停产，市场断供风险不可忽视。其次，日益高涨的环保压力、国家治理环境污染力度的持续加大和排放标准的不断提高，可能会导致部分化学药尤其是原料药生产企业因排放不达标而限（停）产，部分药品的生产和市场供应问题将会出现，市场短缺或将难免。最后，药品招标采购、降低药占比、医保控费等举措将会进一步挤压部分处方药尤其是存在市场失灵的儿童药、罕见病用药的利润空间和市场空间，导致部分药品生产无利可图而停产，市场短缺或将加剧。

三、医药工业供给侧结构性改革任务艰巨

我国目前还是仿制药和原料药大国，2018 年药品产品结构、产业结构和出口结构等都亟待优化。一是创新药总体占比低、研发不足、同质化严重。2017 年 2700 多种化学药物品种，9% 的品种占据了注册批文总量的 70%，创新药占比仍然不高。医药工业百强企业研发投入强度在 10% 以上的仅 3 家，一半以上投入强度低于 3%。创新药研发也存在严重"重复"现象，例如，小分子肿瘤靶向药物都扎堆在 EGFR、VEGFR 等少数几个靶点。二是产业集中度仍然较低。数千家医药工业企业中，销售规模在 10 亿元以上的仅有 186 家。医药工业百强企业的主营业务收入仅占医药工业总体的 23%。三是我国医药出口结构亟待完善。原料药等低附加值产品占据出口主体地位，2017 年原料药占西药类出口总额 80% 以上，占医药类出口总额 40% 以上。我国高端医疗设备 2016 年在医药类进口总额中的占比超 38%。

四、国产医疗器械应用推广仍有难度

近年来，虽然国产医疗设备和耗材质量持续改进，部分耗材已经接近或超过发达国家水平，国家也出台了首台套保险补偿试点、控制医疗机构检查费用不合理上涨等政策来鼓励国产医疗器械尤其是大型医疗设备的应用，但受制于政策、观念等原因，国产医疗器械在我国市场受到冷落，"进口替代"收效甚微。首先，进口医疗器械数量特别是高性能医疗设备在医院评级过程

中被当作重要的参考指标。在新医改持续推进的大背景下，医院竞争压力加大，为了生存，医院"晋级"欲望会更加强烈。受此影响，公立医院采购进口医疗设备的倾向会进一步强化，国产医疗设备被冷落的局面难言根本性改变。其次，多数医院为减小设备使用过程中产生的医疗风险，盲目崇拜进口设备，而不注重相关技术质量指标。最后，医疗器械采购环节存在较多不合规行为。部分单位采购过程中经常以参数和指标等要求作为采购设备的要件，导致国产医疗设备难以入围。

第五章　食品制造业

第一节　发展情况

一、运行情况

（一）生产保持平稳较快增长

据国家统计局提供的数据，截至 2017 年底，全国规模以上食品工业企业达到 42830 家，完成工业增加值同比增长 6.8%，增速较上年同期加快 3.4 个百分点，与全国规模以上工业 6.6% 的增速比相差不大。分行业看，食品制造业，酒、饮料和精制茶制造业增长较快，均为 9.1%，农副食品加工业增长 6.8%。

（二）固定投资增速回落明显

2017 年，规上食品工业企业完成固定资产投资额 21662.72 亿元，同比增长 1.4%，不仅明显低于 2016 年食品工业 8.5% 的固投增速，也低于整个制造业 4.1% 的固投增速。其中，农副食品加工业、食品制造业同比增长分别为 3.6%、1.7%，酒、饮料和精制茶制造业完成投资额更是负增长，为 -5.9%。

表 5 - 1　2017 年食品工业固定资产投资情况

行业	完成投资（亿元）	同比增长（%）
规模以上食品工业	21662.7	1.4
农副食品加工业	11986.0	3.6
食品制造业	5842.8	1.7
酒、饮料和精制茶制造业	3833.9	-5.9

资料来源：国家统计局，2018 年 1 月。

（三）食品出口

2017 年，规模以上食品工业实现出口交货值 4414.8 亿元，占全部工业的 3.6%，同比增长 6.7%。其中，农副食品加工业出口交货值 3001.8 亿元，同比增长 6.9%，食品制造业 1179.0 亿元，同比增长 7.0%，酒、饮料和精制茶制造业 233.9 亿元，同比增长 2.9%。

表 5 - 2 2017 年食品工业出口交货值及增长情况

行业	全年出口交货值（亿元）	同比增长（%）
食品工业总计	4414.8	6.7
农副食品加工业	3001.8	6.9
食品制造业	1179	7
酒、饮料和精制茶制造业	233.9	2.9

资料来源：国家统计局，2018 年 1 月。

二、效益情况

（一）经济效益平稳增长

2017 年，规模以上食品工业企业实现主营业务收入 105204.5 亿元，同比增长 6.7%；食品工业实现利润总额 7015.6 亿元，同比增长 8.6%。主营业务收入利润率为 6.7%，12 月末，规模以上食品工业企业资产负债率为 47.1%。

在 56 个小类行业中，41 个行业利润总额同比增长，15 个行业下降。增长较快的有：酒精制造、鱼油提取及制品制造、碳酸饮料制造、白酒制造、制糖业等，同比增速分别是 83.2%、53.7%、46.8%、35.8% 和 33.0%；利润降幅较大的有：盐加工、含乳饮料和植物蛋白饮料制造、葡萄酒制造、果菜汁及果菜汁饮料制造、啤酒制造，利润降幅在 10%—20% 之间。

表 5 - 3 2017 年食品工业经济效益指标

行业	主营收入（亿元）	同比增长（%）	利润总额（亿元）	同比增长（%）	企业数（个）
食品工业总计	105204.5	6.7	7015.6	6.8	42830
农副食品加工业	64449.4	5.8	3147.0	4.5	26473

行业	主营收入 （亿元）	同比增长 （%）	利润总额 （亿元）	同比增长 （%）	企业数 （个）
食品制造业	23118.1	8.3	1851.1	6.7	9235
酒、饮料和精制茶制造业	17637.0	7.7	2017.5	17.5	7122

资料来源：国家统计局，2018 年 1 月。

（二）亏损情况加剧

2017 年，食品工业累计企业总数为 42830 个，其中累计亏损企业达到了 4005 家，亏损面为 9.4%。就各子行业看，2017 年食品制造业亏损面最大，达到了 9.7%，酒、饮料和精制茶制造业和农副食品加工业亏损面相对较小，分别为 9.4%、9.3%。除了以往原料成本与物流成本上涨和输入性因素的影响两个方面的原因，居民生活水平的提高促使企业研发创新投入的加大也是一个重大因素。

表 5-4　2017 年食品工业及主要子行业亏损企业亏损情况比较

行业	企业总数（家）	亏损企业数（家）	亏损面（%）
食品工业	42830	4005	9.4
农副食品加工业	26473	2447	9.3
食品制造业	9235	892	9.7
酒、饮料和精制茶制造业	7122	666	9.4

资料来源：国家统计局，2018 年 1 月。

三、重点领域或重点产品情况

（一）重点产品情况

受居民收入水平提高、消费升级以及产业结构调整等不同因素的影响，食品工业各子行业的发展呈现分化之势越发明显。从全国 20 种主要食品产量来看，2017 年，17 种食品产量增长，3 种食品产量下降。产量增长最快的是发酵酒精，同比增长 19.63%，其他的如冷冻饮品、白酒、冷冻水产品以及速冻米面食品等产品，也实现了较快的增长。下降最多的是葡萄酒，同比减少

5.25%，酱油和啤酒分别同比下降了3.72%、0.66%。

表5-5　2017年食品工业主要产品产量（单位：万吨、万千升）

序号	产品名称	全年产量	同比增长（%）
1	小麦粉	13801.44	1.77
2	大米	12583.92	4.25
3	精制食用植物油	6071.82	2.00
4	成品糖	1463.73	3.28
5	鲜、冷藏肉	3254.88	5.06
6	冷冻水产品	863.11	6.70
7	糖果	331.37	0.74
8	速冻米面食品	568.16	5.90
9	方便面	1103.20	3.31
10	乳制品	2935.04	4.17
	其中：液体乳	2691.66	4.53
	乳粉	120.72	1.04
11	罐头	1239.56	3.75
12	酱油	856.68	-3.72
13	冷冻饮品	378.33	7.24
14	食品添加剂	851.39	2.12
15	发酵酒精	1027.29	19.63
16	白酒（折65度，商品量）	1198.06	6.86
17	啤酒	4401.49	-0.66
18	葡萄酒	100.11	-5.25
19	软饮料	18051.23	4.59
	其中：碳酸饮料类（汽水）	1744.41	6.07
	包装饮用水类	9535.73	3.20
	果汁和蔬菜汁饮料类	2228.50	4.06
20	精制茶	246.03	4.31

资料来源：国家统计局，2018年1月。

（二）重点领域情况

1. 肉类加工业生产稳步增长

近年来，随着人均收入的增长和城镇化建设的推进，加之在国家宏观政策的规范调控下城乡居民对肉类食品需求持续在上升，肉类加工业实现稳步增长。2017 年，规模企业稳步发展，肉类产品结构进一步适应消费需求的变化，肉及肉制品抽检合格率稳步提升，市场供应充裕，肉价趋稳。截至 2017 年底，全国屠宰及肉类加工行业稳定发展，规模以上企业达到 4153 家，比上年增加 211 家，增加数量是近 3 年之最。屠宰及肉类加工业共分为三个重点行业：一是牲畜屠宰业。2017 年全国有规模以上牲畜屠宰企业 1404 家，比上年增加了 46 家；二是禽类屠宰业。2017 年全国规模以上企业有 778 家，比上年下降明显，减少了 73 家；三是肉制品及副产品加工业。2017 年全国规模以上企业有 1971 家，比上年增加了 275 家，在三个重点行业中增幅最大。

2. 乳品制造发展势头强劲

婴幼儿配方乳粉质量安全既是重大民生问题，也是重大经济和社会问题。为促进行业健康持续发展，优化产业结构，提高质量安全水平，提升行业发展质量和效益，国务院办公厅转发了工信部等部门《推动婴幼儿配方乳粉企业兼并重组工作方案》。虽然当前婴幼儿配方乳粉行业仍然存在行业集中度不高、自主品牌竞争力不强、消费者对国产品牌缺乏信心等突出问题。但行业整体水平在取得稳步的发展，影响产品质量安全的因素不断减少，产量保持持续增长态势。2010—2017 年间我国婴幼儿配方乳粉产量从 56 万吨增长到 81 万吨，增长了 44.7%。就品种看，已经形成了牛羊乳并存，多品种、多系类多样的婴幼儿配方乳粉并存的格局，满足了中国城乡 4000 多万宝宝的需求。2017 年国产婴幼儿配方乳粉产量、主营业务收入和利润分别为 81 万吨、832 亿元和 58 亿元，同比分别增长 14.1%、11.2% 和 4.1%。

第二节 存在问题

一、企业规模普遍偏小

我国食品工业企业"小、散、低"的局面依旧没有改变，大中型企业占比较少，市场集中度较低。一是从企业结构看，在获得许可证的食品生产企业中，小、微型企业和小作坊占到企业总数的90%以上，行业集中度亟待提高；二是从行业结构上看，食品工业囊括的行业门类众多，但是大多数企业集中在粗加工环节，精深加工所占比例较低；三是从地区结构上看，东部地区食品工业企业分布较多，发展水平较高，中西地区部食品工业企业数量相对较少，发展相对落后但具备较好的产业转移承接条件。

二、发展方式较为粗放

我国食品工业粗放型发展方式仍然未得到改变，还是以数量扩张为主，自主研发创新水平和成果转化率较低。一是研发投入不高，食品工业创新研发投入强度不到0.5%，不仅低于发达国家2%以上的水平，也低于新兴工业化国家1.5%的水平。二是食品装备问题突出，国产装备普遍缺乏自主知识产权核心技术，存在自动化程度低、可靠性和安全性不足、关键零部件使用寿命短等问题。三是高品质食品有效供给不足，精深加工技术水平偏低，中高端产品偏少，难以适应消费变化。

三、自主品牌培育不足

虽说品牌战略日益上升为国家重要战略，但在食品工业领域品牌意识还是不强，存在品牌定位不准、品牌形象不鲜明、品牌维护力弱的现象。一是品牌培育能力不足，品牌管理普遍存在品牌意识淡薄，消费者信赖的自主知名品牌不多。二是品牌战略不明确，主副品牌层次不清晰，不能给主副品牌留有足够的调整空间，难以改善整合资源效率。三是品牌宣传不到位，主品牌与子品牌往往孤立存在，品牌故事代入感不强，不能有效地增强消费黏性与品牌活力。

区域篇

第六章 东部地区

第一节 典型地区：福建省

一、运行情况

（一）行业效益稳步增长

2017 年，福建省消费品工业实现平稳健康发展，全年实现增加值 6115 亿元，占全省工业增加值总量的 50.3%；同比增长 8.8%，高于全省工业增加值平均增速 0.8 个百分点，其中轻工、纺织、医药工业增加值分别为 4484 亿元、1495 亿元、136 亿元，同比分别增长 9.1%、8.1%、9.4%。全省消费品工业实现主营业务收入 22050 亿元，同比增长 11.4%，其中轻工、纺织、医药工业主营业务收入分别为 16682 亿元、4997 亿元、371 亿元，同比分别增长 11.8%、10.1%、10.5%。全省消费品工业实现利润总额 1152 亿元，同比增长 17.2%，其中轻工、纺织、医药工业利润总额分别为 1170 亿元、305 亿元、45 亿元，同比分别增长 18.3%、14.5%、9.7%。

（二）行业发展态势稳健

福建省消费品主要行业发展态势稳健、好于预期，其中，纺织工业整体运行平稳，化纤投资实现较大回升，纺织工业全年实现产值 6641 亿元，同比增长 11.4%，较上年提升 0.4 个百分点；食品工业继续保持较快增长势头，全年实现产值 6083 亿元，同比增长 11.8%，较上年提升 1.4 个百分点；制鞋业转型升级成效显著，全年实现产值 3180 亿元，同比增长 11.6%，较上年提升 6.4 个百分点；造纸和纸制品行业有效应对原材料价格大幅上涨压力，行业呈现持续较快增长，全年实现产值 1237 亿元，同比增长 16.1%，较上年提升 7.5 个百分点；工艺美术产业强化人才支撑、推进融合发展，全年实现产值 1458 亿元，同比增长 11.1%，较上年提升 2.3 个百分点；医药产业强化政策支持，促进项目对接，扩大有效投资，行业发展后劲增强，全年实现产值 404 亿元，同比增长 10%，较上年提升 3 个百分点。

二、发展经验

（一）突出抓龙头带动

大力培育壮大行业龙头，发挥引领支撑和集聚带动作用。纺织行业培育形成金纶、恒申等超百亿企业 2 家、超十亿企业 29 家；食品行业培育形成达利、银鹭和圣农等超百亿企业 3 家、超十亿企业 60 多家，食品罐头、水产品、精制茶、烘焙、糖果、蜜饯等细分行业主营业务收入居全国前列；制鞋行业龙头竞争力增强，安踏成为国内首家销售额破百亿的体育品牌，市场规模居全球第三；工艺美术产业加快打造产业集聚区，拥有德化陶瓷、惠安石雕、仙游古典家具等三个世界之都，以及福州寿山石雕等区域品牌；医药工业加快龙头培育、品牌提升，片仔癀以品牌价值 350.48 亿元入选 2017 年世界创新品牌 500 强榜单。通过龙头带动、产业集聚，福建省已培育形成泉州纺织、长乐纺织、漳州食品、晋江鞋服、泉州食品、福州食品等 6 个超千亿元产业集群。

（二）突出抓项目支撑

强化精准施策，落实项目带动，深化实施纺织、食品、制鞋、工艺美术、医药等产业发展专项行动计划，将 361°（晋江）综合基地、和润粮油食品精深加工等 98 项、总投资 880 多亿元的项目列为重点项目，滚动推进百威英博雪津迁建、才子服饰高科技产业园区扩建、永澳制药灵芝菌合剂生产等近 400 个项目列入省重点技改项目，总投资额达 740 多亿元。大力推进产业、政策、项目对接，促进政府、企业、园区互动，强化创新、服务、要素协同，突出小型、专场、精准招商，分行业推进重点项目引进对接，2017 年底在厦门组织开展医药产业政策项目对接专场活动，集中推介谋划项目 40 项、现场签约 8 项、跟进对接 62 项，合作项目计划总投资 300 多亿元。

（三）突出抓智能改造

选择在纺织服装、制鞋、家具等行业开展个性化定制等智能制造试点示范，推进九牧集团智能制造等 2 个项目列入工信部智能制造试点示范项目；推进九牧、恒安和华峰新材料等 5 家消费品工业企业项目列入国家智能制造综合标准化与新模式应用专项，直接带动企业智能化技改投入约 20 亿元；评选参地宝贝等 9 家消费品工业企业为省级智能制造试点示范企业；认定达利饮料食品生产设备扩建改造等项目为省级智能制造样板工厂（车间）示范项目。通过实施智能化改造，行业企业生产效率提高约 20%，运营成本降低约 15%，产品升级周期缩短约 20%，产品不良品率降低约 15%，单位产值能耗降低约 8%。

（四）突出抓特色品牌

持续加快区域产业特色发展，推进莆田市成功获批成为全国消费品工业"三品"战略示范城市；加快建设仙游"世界中式古典家具之都"、光泽"中国生态食品名城"、柘荣"中国刀剪之乡"、永春达埔"中国香都"等区域特色产业品牌，推进仙游县古典家具产业实现产值约 400 亿元；光泽县生态食品产业实现产值约 200 亿元；宁德柘荣刀剪产业县内集聚企业 120 多家，年产刀剪约 5 亿把；永春县集聚制香企业近 300 家，年产值突破 50 亿元。加强纺织服装创意设计能力建设和自主品牌建设，组织有条件的设区市按照工信部第二批纺织服装设计试点示范园区申报相关要求，积极申报创建试点示范园区，参加工信部 2017 年度十大纺织服装流行产品评选，厦门市龙山文创园获评全国纺织服装创意设计试点园区（平台）。

（五）突出抓绿色发展

重点抓好印染、粘胶纤维等行业规范管理，督促造纸、根雕等行业落实环境保护措施，推进造纸等行业落实绿色低污染技术改造，促进消费品工业绿色健康发展。2017 年，全省 157 家印染企业完成低排水染整工艺改造，24 家制革行业完成铬减量化和封闭循环利用技术改造，全省规上制浆企业基本实现无元素氯漂白改造，全省抗生素、维生素制药行业基本完成绿色酶法生产技术改造。同时，以实施盐业体制改革为动力，加快开发绿色优质海盐产品，提高产品附加值，打造福建高端海盐品牌，全省盐业市场供应稳定、价格平稳、质量安全。

三、启示与建议

继续深化实施"三品"战略，持续推进分业施策，促进福建省消费品工业平稳健康发展，重点抓好以下工作：一是纺织产业重点发展差别化纤维、高端面料和高性能产业用纺织品，推进个性化定制、时尚设计和品牌建设，加快石狮等地印染产业集中区改造升级，打造先进纺织服装业制造中心。二是食品产业加快推进原料基地化、产品系列化、区域特色化、品牌高端化发展，加快研发小众化、分众化、个性化新产品，提升质量品牌，保障食品安全。三是制鞋产业重点强化龙头带动、技术改造、装备升级、产品创新，完善鞋业供应链、创新链服务平台，提升行业整体竞争力。四是工美产业加快打造一批工艺美术特色产区和工艺美术产业基地，培育龙头企业，推进工艺美术与"互联网＋"相融合，提升创意设计水平，引导工艺美术产品向个性化、定制化、品牌化升级。五是医药产业加快制定产业发展指导意见，抓好仿制药质量和疗效一致性评价、药品上市许可持有人试点等工作，促进医药产业规模化发展。

第二节　典型地区：山东省

一、运行情况

山东是消费品产业大省，食品、医药行业经济效益连续多年位居全国前列，轻工、纺织行业在全国的地位也是举足轻重。2017年，全省消费品工业规模以上企业17291家，实现主营业务收入48130亿元、利税4112亿元、利润2854亿元，同比分别增长2.87%、2.50%、2.68%。

其中，轻工行业情况。2017年，全省轻工业规模以上企业7118家，实现主营业务收入15709亿元、利税1327亿元、利润918亿元，同比分别增长1.93%、2.52%、3.66%。纺织工业情况。2017年，全省纺织行业规模以上企业 3858 家，实现主营业务收入 11570 亿元、利税 807 亿元、利润 541 亿元，同比分别增长 – 2.38%、 – 6.48%、 – 8.00%。食品工业情况。2017 年，全省食品行业规模以上企业 5514 家，实现主营业务收入 16252 亿元、利税 1258 亿元、利润 884 亿元，同比分别增长 5.22%、2.50%、2.21%。医药工业情况。2017 年，全省医药行业规模以上企业 801 家，实现主营业务收入 4599 亿元、利税 721 亿元、利润 510 亿元，同比分别增长 12.81%、14.81%、15.88%。

二、发展经验

（一）消费品各行业稳中提质

全省消费品行业结构调整和转型升级步伐不断加快，新旧动能加快接续转换，抓重点、补短板、强弱项取得积极进展。山东省知名消费品品牌海尔、青岛啤酒等入围世界品牌 500 强。全国重点跟踪培育服装家纺自主品牌企业 120 家，山东省迪尚集团有限公司等 15 家企业入选，占全国总数的 12.5%。舒朗国际时尚创意设计平台和东方时尚中心成功跻身工信部认定的纺织服装创意设计试点园区（平台）名单，成为继迪尚智慧时尚生活方式集成创新平台、韩都衣舍互联网二级生态品牌运营平台、青岛纺织谷后，山东纺织行业转型升级的新增代表品牌，山东省纺织服装创意设计试点园区（平台）总数达到 5 家，占全国四分之一，位于浙江、江苏之后，列全国第三位。2017 年 9 月，工信部发布的中国医药工业百强企业名单中，山东省有 14 家企业入围，入围企业数量连续 6 年居全国首位。其中淄博有 3 家企业上榜，临沂、济宁、威海、菏泽分别有 2 家企业上榜。新华医药、威高集团凭借产品科学布局和差异化战略，位次都较上年有大幅提升。齐鲁制药通过持续实施创新驱动战略，其肺癌治疗药物"伊瑞可"的成功上市打破了国外制药巨头在中国的垄断格局，成为民族医药创新发展的典范，排名攀升至全国第 8 位。推荐山东省食品药品检验研究院、新泰市检验检测中心等 2 家企业申报工信部食品企业质量安全检测技术示范中心，改变省内缺少食品行业质量安全机构的状况。认真组织开展工信部 2017 年粘胶纤维企业规范公告申报工作。山东省恒大海龙（潍坊）新材料有限责任公司、山东雅美科技有限公司、山东银鹰化纤有限公司等 3 家企业成为第一批符合《粘胶纤维行业规范条件》的生产企业。积极组织开展工信部 2017 年工业转型升级（中国制造 2025）资金（部门预算）申报工作。山东省步长制药股份有限公司的中药大品种稳心颗粒先进制造技术标准验证与应用项目中标中药口服制剂大品种先进制造技术标准验证与应用重点任务。

（二）"三品"专项行动再深化

将增品种、提品质、创品牌"三品"工作与打造山东新工业的"四提"发展要求相结合，在全省消费品行业中开展"三百工程"，打造"鲁创精品"，建设百家资源集聚能力强、专业服务水平高的创意设计园区（平台），树立百家两化融合管理体系贯标达标示范企业，重点跟踪培育百家具有行业特色、区域优势的鲁创精品，通过深化"三百工程"的实施开展，力促全省消费品行业迈向中高端。截至目前，山东省消费品行业共申报项目 117 个，其中创意设计园区 7 个、两化融合示范企业 20 个、鲁创精品 90 个。重点指导推进烟台市、青岛即墨区搞好消费品工业"三品"战略示范试点城市建设。一是坚持规划引领。指导两市将充分对接国家和省里相关部署，编制实施《贯彻〈中国制造 2025〉打造烟台智造行动纲要》，明确制造业主导行业转型发展的具体路径，形成转型升级的引导力。二是坚持问题导向，充分发挥各政府部门、行业主管部门、行业协会等单位作用，为消费品工业健康发展提供坚强的组织领导和协调保障，形成齐抓共管的工作合力。三是坚持创新驱动。以智能制造为引领，强化产学研合作，提升企业研发能力，整体推进消费工业转型升级，形成提质增效的核心动力。

（三）盐业体制改革稳步推进

2017 年 11 月，以省政府名义召开全省推进盐业体制改革会议，下发《山东省盐业体制改革实施方案》，通过理顺管理体制、落实改革重点任务、完善食盐专营制度、加强盐行业综合管理等措施，进一步释放市场活力，充分调动食盐生产和流通企业积极性，实现山东省盐业资源有效配置，不断推进供给侧结构性改革。由市场竞争形成的倒逼机制，将使盐行业迎来一轮兼并重组、结构优化、转型升级的热潮，一批有资源、有品牌、有技术、产销一体、跨区域经营的大企业将会脱颖而出，行业整体竞争力将会有新的提升。

（四）推动食品行业加快发展

一是助力我省白酒企业重塑辉煌。认真贯彻落实刘家义书记、龚正省长"加快培植山东白酒骨干企业和知名品牌"的批示要求，配合省政协成立调研组，形成《关于培育山东白酒骨干企业和知名品牌的调研报告》，专题到工信部进行汇报沟通，提出要叫响"好客山东有好酒"、"好品山东有好酒"，筹划出台《关于加快培育山东白酒骨干企业和知名品牌的意见》，从创新平台建设、兼并重组、品牌培育、营销模式创新、挖掘鲁酒文化、财政资金、建立工作机制等方面进行引导支持，促进我省白酒企业动能转换、转型升级，推动我省白酒产业做大做强，重返第一阵营。二是开展省食品工业诚信管理体系建设培训。按照工信部关于食品工业企业建立诚信体系工作的要求，邀请北京工商大学校长、中国工程院孙宝国院士，工信部食品诚信专家、国家认证认可监督管理委员会认证认可技术研究所于建海诚信高级评价师、赵秀云诚信主管为省内食品工业企业作专门培训辅导。对已建立诚信管理体系的食品企业，积极开展对标整改工作，适时接受评价机构监督管理，确保体系有效运行；要求准备建立诚信管理体系的食品企业，进一步提高诚信意识，加快建立诚信管理体系，推动新国标的实施，显著增强行业质量安全保障能力，保持食品工业持续健康发展活力。

三、启示与建议

坚持以打造山东新工业为目标，切实把党的十九大精神和省委"四新"、"四化"、"四提"具体要求落细落实落在促进全省消费品行业健康发展、迈向中高端上来，精准找实着力点，重点抓好以下工作。

（一）着力谋发展，在行业指导上有新突破

积极出击，主动作为，做好运行分析和调度工作，理清行业情况，把握行业趋势，加强对消费品行业的规划引导和政策支持，努力培育省内消费品行业新增长点，形成新动能。重点在纺织服装、医药、食品、轻工等消费需求旺盛、与大众日常生活息息相关领域的消费中高端，扩大优质增量供给。研究出台鼓励省内消费品行业企业提高适应高端化、个性化消费趋势能力的指导意见。从供给侧和需求侧双侧发力，引导企业挖掘用户新需求、引领消费新趋势。鼓励企业以智能、绿色、健康、安全为导向，深挖潜在市场，细分领域，细化品种，创造品种差异化的价值。鼓励企业运用大数据、物联网深度两化融合，充分满足大批量生产的同时，实现多品种小批量混线生产与多样化、个性化定制和柔性化生产。

（二）着力促创新，在融合提质上有新举措

消费品行业既是传统产业的基础极，又将是新兴业态的拓展极。全力推动消费品各行业积极对接新业态，鼓励消费品行业企业运用互联网思维创新设计研发方式开展协同创新，提高创意设计水平，积极探索与"互联网＋"跨界融合的众创、众包、众扶、众筹、快消、用户设计、云设计等新兴模式，支持行业内龙头企业、高技术企业建设行业开放创新平台、在线设计中心等，通过跨界创新融合，促进省内传统消费品行业企业提质增效，推动中高端消费产品创新能力、品质、竞争力进一步提升。

（三）着力强示范，在培创品牌上有新动作

依据山东省消费品行业优势和特点，以开展增品种、提品质、创品牌"三品"行动为抓手，以实施"三百工程"打造"鲁创精品"为基础，充分发挥山东省2个消费品行业"三品"战略示范城市、5个纺织服装创意设计试点示范园区的试点示范带动作用，重视现有行业特色和地域优势品牌，大力开展以为消费产品为主导的产业集群区域品牌建设。把产业集群区域品牌作为促进区域发展的放大器、展示栏、增长极，放大品牌优势，打造消费品行业品牌航母，重塑消费品行业传统特色，展现老字号品牌魅力。力争在纺织、食品、白酒等优势消费品领域，培创1—3家精品高端产业集群区域品牌、3—5家特色中端产业集群区域品牌。

（四）着力严准入，在规范行业管理上有新要求

推进铅蓄电池、印染、粘胶、再利用（涤纶）纤维等行业准入（规范）管理，促进相关行业结构调整和产业升级，防止低水平重复建设，减少资源浪费，引导行业健康可持续发展。

（五）着力推改革，在释放市场活力上有新成效

继续履职尽责，把盐改各项后续及行业管理工作落到实处，进一步释放

盐改带来的市场活力。积极做好有关准备工作，确保盐业体制改革后相关行业管理职责接得住、管得好。详细制定山东省盐业行业发展规划和产业政策，指导推动盐业行业结构调整、盐业企业技术改造，监测、分析盐业行业经济运行态势，认真做好食盐储备、工业盐管理等工作，推动山东省盐行业转型升级、涅槃重生。

第七章　中部地区

第一节　典型地区：江西省

一、运行情况

（一）消费品工业稳步增长

2017 年，江西省消费品工业总体保持平稳增长，规模以上企业共有 5154 家，实现主营业务收入 1.2 万亿元，同比增长 7%，占全省工业的 33.8%；实现利润 978 亿元，同比增长 10.5%，占全省工业的 39.5%。轻工、食品、纺织、医药等行业均实现稳步增长，其中，轻工行业实现主营业务收入 5371 亿元，同比增长 9.6%，13 个重点子行业中有 11 个保持增长；食品行业增速略低于全国同行业，实现主营业务收入 2858 亿元，同比增长 5.1%；纺织行业"高开低走"，实现主营业务收入 2435 亿元，同比增长 0.7%，低于年内最高增幅 15.1 个百分点；医药行业运行质量稳步提高，效益增幅高于销售增幅，全年主营业务收入 1373 亿元，同比增长 13.9%，利润增幅达 28.5%。

（二）骨干企业支撑行业发展

2017 年，江西省消费品工业重点跟进的 20 家过十亿龙头企业中，有 17 家企业实现同比增长，共实现主营业务收入 1752 亿元，占全行业的 14.6%，成为行业发展的重要支撑。其中，正邦集团实现主营业务收入 649 亿元，同比增长 8.0%；双胞胎（集团）332 亿元，同比增长 21%；江西中烟 175 亿元，增长 7.7%；济民可信集团 166 亿元，同比增长 15.9%；华意压缩机 81 亿元，同比增长 15.6%；仁和集团 56.6 亿元，同比增长 13.2%；赛得利

（江西）28.3 亿元，同比增长 12.8%。同时，部分企业尤其是服装企业受不利发展环境影响，主营业务收入出现 80%、90% 的断崖式下降乃至退规的情况，亟须加快转型升级。

（三）产业集聚效应明显

2017 年，江西省消费品工业 48 个产业集群实现主营业务收入 5150 亿元，占全省消费品工业的 42.8%。48 个集群中过百亿集群达 23 个，其中，南康家具产业集群实现主营业务收入 1330 亿元，同比增长 30.4%；共青城羽绒服装产业基地实现主营业务收入 236 亿元，同比增长 10.8%；樟树医药工业园主营业务收入 181.02 亿元，同比增长 21.86%；上高绿色食品产业集群主营业务收入 168 亿元，同比增长 13.5%。

（四）产业承接成效显著

2017 年，江西省消费品行业产业承接成效明显。纺织行业完成固定资产投资 938 亿元，居全国同行业第六位；食品行业固定资产投资超过 900 亿元，医药行业共签约中医药项目 163 个，总投资额达 876 亿元。一批重点项目进展顺利，为行业发展注入新动力，其中，赛得利（九江）公司年产 80 万吨化学纤维项目二期、瑞金市大健康饮料有限公司 200 万罐王老吉项目已投产，瑞展动能变频压缩机项目、恒安（江西）年产 600 万箱纸尿裤项目、金盛纸业年产 10 万吨涂布白板纸项目已开始进行设备安装。

二、发展经验

（一）积极有序推进实施"三品"战略

一是制定《江西省工信委 2017 年消费品"三品"专项行动计划》，共提出 19 条措施推动"三品"专项行动的实施。二是开展省级消费品工业"三品"战略示范试点城市、示范企业评选活动，授予青山湖区等 2 个县（区）为"'三品'战略示范试点城市"，授予江西金虎保险设备集团有限公司等 10 家企业为"'三品'战略示范企业"。三是推动企业开展"三品"行动。2017 年，全省消费品工业新增江西燕京啤酒、九华药业、华腾地毯等 8 个省级企业技术中心，蓝天宇家纺、李渡烟花、九江高科制药、温汤佬食品等一批企业被认定为省级"专精特新"中小企业。四是开展江西省评选推荐第七届中国工艺美术大师工作，促进传统工艺美术的传承和创新。

（二）抓行业准入促规范发展

一是加快出台江西省特香型白酒基础酒和酿造用大曲地方标准，完成了江西国动酒业、鹰潭天师酒业等白酒生产项目及乳制项目产业政策的认定。组织全省 121 户食品企业参加培训，宣贯《食品工业企业诚信管理体系》国家标准，促进全省食品工业企业诚信管理体系建设发展。二是组织开展 2017 年粘胶纤维企业规范公告申报工作。邀请专家对申请准入公告的企业相关情况进行了现场核实，推荐赛得利（江西）、赛得利（九江）上报工信部并通过终审。三是组织 6 家铅蓄电池企业申报并成功通过工信部审核，其中，宜丰产业基地成为全国唯一申报企业全部通过的产业基地。

（三）增进交流促合作双赢

一是举办 2017 江西国际麻纺博览会，本届博览会吸引来自全国的百余家企业参展，另有客商、采购商等 400 余户，共签约项目 10 个，签约金额 11 亿元。二是组织医药企业与澳门科技大学中医药考察团进行对接，组织医药企业参与"创业中华　智汇赣都"海内外侨界特聘专家赣都行活动，推动企业与生物医药专家进行对接和交流。三是组织煌上煌集团赴山东潍坊考察中国食品谷项目，组织省内白酒骨干企业赴湖南、广西考察学习。鼓励企业实施"走出去"示范工程，支持煌上煌集团投资 2000 万美元收购新西兰麦努卡蜂蜜公司 100% 的股权。

（四）多措并举促创新发展

一是推动组建江西省中医药产业联盟，联盟由济民可信、仁和集团等 5 个龙头企业发起组建，省内已有 23 家中医药企业加入联盟。同时，产业联盟将参与行业政策的制定，并发挥平台作用，推动企业与金融机构、科研机构的合作。二是积极培育产业基地。2017 年，全省消费品工业新增泰和乌鸡食品、吉水县绿色农副食品等 6 个省级产业基地，进一步壮大了区域特色产业，推动产业集聚发展。三是举办重大活动。全省消费品行业举办了 2017 景德镇国际陶瓷博览会、2017 江西国际麻纺博览会、中国 500 强企业高峰论坛"中医药与大健康产业发展"平行论坛、2017 国际（樟树）中医药博览会等一系列重大活动，有效宣传推介了江西省消费品行业，助推行业转型升级。

（五）推动中国（南昌）中医药科创城启动建设

为打造国内领先、世界知名的中医药强省，江西省提出建设中国（南昌）中医药科创城的战略构想。一是成立了科创城推进工作协调小组，由省长任组长、常务副省长任副组长，大力推进科创城建设；二是积极制定了《中国（南昌）中医药科创城建设方案》，并以省政府名义印发；三是成立了科创城专家咨询委员会，聘请省内外中医药方面的专家为科创城建设提供专家咨询服务；四是举办了科创城启动建设暨全省中医药产业集中开工仪式，省领导共同启动科创城建设。目前，科创城建设总体设计基本完成，工作体系基本建立，建设项目正在抓紧实施。

三、启示与建议

（一）推动产业创新发展，提升行业竞争力

一是以骨干企业为依托，加强产学研联合，帮助和支持龙头骨干企业加快国家重点实验室项目建设，加速形成一批研发成果并实现产业化；二是依托省内科研院所、重点企业及有关国家级企业技术（工程研究）中心、省级企业技术（工程研究）中心，构建江西省消费品工业的基础研究与应用体系，加快建设消费品工业科技创新与服务平台；三是实行严格的知识产权保护制度，加大对违规行为的惩处力度，切实保护创新主体利益，营造有利于创新的体制机制及市场环境；四是紧跟消费趋势变化，充分利用省内新一代信息技术、互联网技术优势及创新资源，积极推进传统的轻纺工业与电子信息等产业的协同创新，加快开发基于新一代互联网技术的新产品、新工艺，促进传统的纺织服装、轻工行业的跨界发展；五是定期召开骨干企业家联席会议，采取"请进来、走出去"的方式，加强行业交流与合作，提升企业家素质，进一步推动产业链对接合作。

（二）深入实施"三品"专项行动，提升有效供给

一是围绕服装服饰、家具、茶油、茶叶、日用陶瓷等重点消费品，支持企业深度挖掘用户需求，适应和引领消费升级趋势，提高供给能力；二是鼓

励企业创建品牌，培育一批绿色健康、特色鲜明的知名赣系消费品品牌，推动江西省消费品进一步提升形象和竞争力；三是鼓励企业弘扬工匠精神，加强产品检测体系和质量追溯体系建设，应用先进质量管理办法，提高产品质量；四是继续开展消费品工业"三品"战略示范试点城市和示范企业评选活动。

（三）推进重大项目建设，加大招商引资力度

一是优选一批重大项目，建立定期调度服务制度，及时了解掌握项目建设进度，帮助解决项目建设过程的困难和问题。推进投资规模大、对工业增长拉动作用明显的项目建设，并从土地供应、人才保障、技术服务、能源供给、融资服务等方面给予支持。二是重点推进中国（南昌）中医药科创城建设。按照"两年见形象"的目标要求，持续推动科创城建设，促进医药产业创新资源要素向科创城聚集。三是围绕消费品工业的产业链关键环节、薄弱环节和高附加值环节，制定目标招商区域。重点引进世界 500 强和国内 500 强中的食品、纺织服装和医药企业以及其他国内外大型企业集团，以重大项目和重点企业引进带动产业发展。

（四）创新商业模式，引领消费新业态

一是加快大数据、云计算、物联网等新一代信息技术的应用，在服装、制鞋、家具、五金制品等行业继续推行大规模个性化定制，推动行业研发、生产、管理、营销、服务等模式创新。二是鼓励企业建设 B2B、B2C、C2B、O2O 等模式的创新型电子商务平台或与大型第三方电商平台企业开展合作，积极发展网络众包、互联定制、网上超市等线上新业态，充分开发线下产业支撑潜能，构建"线上线下联动"。三是借助"一带一路"创造的历史机遇，进一步开发海外市场，推动跨境电商专业化、产业化发展。

（五）提升要素保障，强化行业管理

一是密切关注煤、电、水、气、运等生产要素的变化，保障消费品工业企业尤其是重点消费品工业企业的生产要素需求。统筹全省用地占补平衡指标，优先支持重点领域企业的用地需求，保证重大项目落地。二是适应环境总体要求，立足国家的行业准入标准体系，完善轻工、纺织、医药的行业准入体系，从源头上遏制低水平重复建设，加快淘汰落后和过剩产能，提高现有产能的综合利用水平。三是围绕行业运行中出现的热点、难点及规律性问

题，加强行业调研，准确把握行业发展走势，协调解决行业面临的问题。抓好盐业体制改革、食品药品安全、服装产业转型升级等相关工作，推动行业健康发展。四是继续执行全省消费品行业重点企业、产业基地、重点品牌调度制度，及时掌握行业动态，做好跟踪服务工作。五是充分发挥行业协会联系政府和企业的桥梁、纽带作用，支持协会积极参与有关政策、标准的制定，引导企业落实产业政策，突出行业协会在品牌建设中的指导和服务作用，助推优质品牌宣传和新产品推介。

第二节　典型地区：山西省

一、运行情况

（一）生产增长趋缓

2017 年，山西省工业经济呈现由"疲"转"兴"的态势，经济效益大幅改善，规模以上工业增加值同比增长 7%，增速较 2016 年加快 5.9 个百分点。消费品工业中，食品、医药、纺织、其他消费品工业增加值同比分别增长 2.8%、0.4%、1.2%、1.8%，工业生产保持持续增长，但增速有放缓的趋势。

（二）主营业务收入小幅增长

2017 年，山西省 495 家规模以上消费品工业企业，累计完成主营业务收入 988.1 亿元，同比增长 0.8%，消费品工业占全省工业的 5.6%。分行业来看，呈现"二增二降"的态势，医药、轻工正增长，食品、纺织负增长。其中，医药工业累计完成主营业务收入 194.6 亿元，同比增长 9.1%，中成药制造业表现最为抢眼，全年呈两位数快速增长态势。轻工业累计完成主营业务收入 114.9 亿元，同比增长 11.17%，造纸业表现势头强劲，同比增长 50.3%；日用陶瓷行业强化差异化竞争和品牌建设，行业持续高速增长，同比增长 4%。食品工业累计完成主营业务收入 624.8 亿元，同比增长 –1.7%，酒醋乳三大传统产业增长稳定，农副食品加工受禽流感等不利因素影响，销售持续下滑。纺织工业累计完成主营业务收入 53.8 亿元，同比增长 –1.2%，其中棉纺业受市场需求疲软、棉价高企等因素印象，行业营收下降比较明显。

（三）利润大幅增长

2017 年，山西省规模以上消费品工业企业实现利润总额 59.8 亿元，同比增长 12%，显示行业盈利能力进一步加强。分行业来看，呈现"三增一降"的态势，轻工业为唯一负增长的子行业。其中，纺织工业实现利润 1.7 亿元，同比增长 112.5%，为增速最快的子行业，其主要受全国性环保停产限产影响，全省承接订单大幅增长。食品工业实现利润 31.1 亿元，同比增长 9.1%，重点行业提质增效加快，盈利能力增强。医药工业企业实现利润 20.4 亿元，同比增长 22.9%，基本与全国发展态势持平。轻工业实现利润 6.6 亿元，同比增长 -5.71%，主要受烟草提质减量，利润大幅下降（-17.3%）拖累。

二、发展经验

（一）推动实施消费品"三品"专项行动

积极跟踪"三品"专项行动实施情况，推动重点工作落实。一是加强与各部门任务落实的沟通协调，加大重点工作跟踪落实。二是组织开展"三品"专项行动自查工作，印发《关于报送消费品工业"三品"专项行动进展情况自查报告的通知》，认真总结各项重点工作进展情况，督促重点工作落实。三是组织参加系列交流活动，积极引导食品企业"走出去"，加强产品宣传、拓展销售渠道，先后会同省商务厅、省贸促会等，组织动员全省食品企业参加了第九届西安食博会、第十二届东亚食品交易博览会、第二十六届中国食品博览会。

（二）积极开展行业运行监测

定期开展行业运行监测分析，准确把握行业发展态势，及时提供行业数据。一是深化消费品工业运行分析机制，推进完善省、市及相关行办数据催报机制，加强与相关行办工作配合，并定期完成行业运行分析，及时反映消费品工业运行走势。二是组织多次分行业重点企业运行分析会，会同轻工行办、医药行办以及相关行业协会，组织听取企业生产经营情况及行业发展情况预判，力求准确把握行业经济运行情况。三是按时完成医药行业年度数据的审核上报，会同省医药行办加强统计数据催报，组织各市经信委督促企业按时上报数据。

（三）重视行业指导和管理

积极组织开展企业座谈交流，强化政策引导，全面提升行业管理能力和水平。一是组织召开山西省推进现代医药产业发展座谈会，充分听取重点企业、相关专家及省直有关部门对促进产业发展的意见建议，以及希望协调解决的突出问题，积极谋划后续工作推进重点。二是加强政策指导，制定出台《山西省加快推进现代医药产业发展的实施方案》及《山西省现代医药产业2017 年行动计划》，确定全省医药产业推进重点及相关保障措施，推动医药工业提质增效、做大做强。三是推进食品工业企业诚信管理体系建设，组织开展食品工业企业诚信管理体系国家标准培训会，宣传贯彻食品工业企业诚信管理体系国家标准。四是推动仿制药一致性评价临床试验机构建设，会同省卫生计生委、省食药监局等推动仿制药一致性评价临床试验基地建设，指导医疗机构开展临床试验资格认证。五是做好工业美术行业指导，组织省传统工艺美术行业协会对全省工艺美术行业情况进行了调研摸底，做好国家级大师的推荐准备工作；指导开展国家级工艺美术大师评审推荐工作，严格申报、评审、推荐程序，并顺利完成推荐工作。

（四）引导企业实施技术改造

充分发挥省级技改专项资金引导作用，推动消费品工业企业加大对现有生产设施、装备、生产工艺条件改造升级，促进产业规模化、特色化、品牌化发展。全年共支持消费品领域项目 20 个，总支持金额 6810 万元，通过技术改造资金引导，企业投资积极性有效提升，全年技术改造投资增速明显高于固定资产投资增速，有力促进了山西省消费品工业转型发展。

三、启示与建议

（一）依靠科技创新，推进消费品工业由大变强

一是发挥政府的创新引导作用，强化企业的创新主体作用，充分利用人才、资本、信息等创新要素，依托新技术、新设备、新工艺，加快传统产业

升级改造。二是大力推动有条件的行业依托互联网打造产学研用跨界协同创新平台，促进关键共性技术的协同攻关和集成应用，提升行业整体创新水平。三是加强消费品行业各类技术和知识产权交易平台建设，促进创新要素的高效流动和有效配置，加快推进创新成果转移和转化。

（二）实施"三品"战略，促进消费品工业转型升级

一是引导和支持企业利用互联网资源的开放优势，对接消费需求，围绕新产品开发、产品包装等开展创新活动，增加中高端消费品供给，大力发展智能、健康及民族特色消费品。二是建立健全质量控制和标准化生产体系，加强质量保障能力建设。推进国内消费品标准与国际标准接轨，建设一批高水平的消费品质量控制和技术评价实验室，推进消费品企业质量安全检测技术示范中心建设。三是围绕研发创新、生产制造、质量管理和营销服务全过程，完善品牌管理体系，全面推进品牌建设。建立一批专业的品牌运营服务机构，开展自主品牌评价工作，加速中国品牌价值评价国际化进程，加大中国品牌宣传力度，树立中国制造品牌良好形象。

（三）开展智能制造，推动消费品工业提质增效

一是推动"互联网＋"与消费品工业深度融合，实施智能制造创新工程，提升消费品工业数字化、网络化、智能化水平，持续推进智能化生产线、示范车间和数字化工厂建设，全面提升消费品领域产品、装备、生产、管理和服务的智能化应用水平。二是依托重点龙头企业，支持家电、服装等行业智能制造创新战略联盟发展，鼓励采用政产学研用合作方式，制定智能制造相关行业标准和企业标准，构建智能制造标准体系。

（四）培育龙头骨干企业，支持重点项目建设

一是加快培育引进龙头企业。围绕优势领域，以资产为纽带，推动龙头企业跨区域、跨行业进行兼并重组，促进省内企业与跨国公司的高位嫁接。鼓励龙头企业围绕未来发展战略进行技术并购，承担国家重大科技项目。二是建立高成长性企业发展的加速机制，对省内中小企业进行系统筛选和梳理，找出具有核心竞争力的高成长性企业，加大扶持力度，重点加强对高成长性企业的融资支持，支持企业开发具有市场前景的新技术、新产品、新工艺、新应用和新模式，形成具有自主知识产权的技术和主导产品，以关键技术突破带动企业发展。三是推进一批消费品工业领域重点项目建设，以项目建设为抓手，加强项目储备，强化跟踪调度，开展入企帮扶活动，协调推进重点项目落地建设。

（五）拓宽产业融资渠道，加大资金支持力度

一是鼓励金融机构创新金融产品，探索建立以企业为主、省和市两级财政资金与金融机构共担风险的企业融资风险基金来扶持消费品领域具有潜力的中小企业。二是积极稳妥发展供应链金融，鼓励山西省及各市的商业银行、消费品各领域供应链核心企业积极搭建供应链金融服务平台，引导中小微企业以应收账款质押的方式通过供应链金融服务平台融资，拓宽中小微企业的融资渠道。三是加大对企业上市的引导和扶持，支持骨干企业发行企业债券、短期融资券以及中期票据，选择具有一定实力中小企业发行企业私募债。四是推动国内大型互联网企业或本土的民间资本与市内的银行、证券、保险、基金等融合创新，发展互联网金融，更好满足消费品企业的投融资需求。五是发挥技术改造专项资金的杠杆撬动作用，加大资金支持力度，引导企业继续实施技术改造工程。

第八章　西部地区

第一节　典型地区：青海省

2017年，青海省以深入实施消费品工业"三品"专项行动营造良好市场环境为抓手，扎实推进稳增长、调结构、促改革、惠民生各项工作，加快传统产业提质升级，全省消费品工业稳中向好，重点行业持续增长。

一、运行情况

（一）保持快速增长

2017年，全省规模以上消费品工业企业完成工业总产值394.34亿元，同比增长30.5%，产销率达到91.7%；规模以上消费品工业增加值同比增长22.8%，增速高于全省工业增速平均水平15.8个百分点。全省积极开展上下游产业对接，帮助企业开拓市场，提升产品市场占有率，2017年，消费品工业上下游产业对接金额110亿元，为经济稳增长发挥了重要作用。

（二）投资增长速度较快

2017年，青海省消费品工业固定资产投资保持中高速增长，全年完成固定资产投资236.7亿元，同比增长28%。其中，食品制造业完成固定资产投资70.6亿元，同比增长72.4%；酒、饮料和精制茶制造业完成固定资产投资17.5亿元，同比增长58.5%；医药制造业完成固定资产投资39.2亿元，同比增长49.4%；农副食品加工业完成固定资产投资63.6亿元，同比增长33.9%；纺织服装、服饰业完成固定资产投资4.3亿元，同比增长24.8%；纺织业完成固定资产投资10.4亿元，同比下降11.2%。

（三）重点行业增长良好

2017 年全年，纳入统计的 14 个重点消费品行业中，工业增加值增速 12 增 2 减。其中，木材加工业增加值同比增长 73.4%；食品制造业增加值同比增长 50.2%；印刷和记录媒介复制业增加值同比增长 43.5%；酒、饮料和精制茶制造业增加值同比增长 39.8%；纺织业增加值同比增长 29.9%；医药工业增加值同比增长 17.5%；纺织服装、服饰业增加值同比增长 9.9%；家具制造业增加值同比增长 8.95%；农副食品加工业增加值同比增长 3.3%；水的生产和供应业增加值同比增长 2.0%；皮革、毛皮、羽毛及其制品增加值同比增长 1.0%；橡胶和塑料制品业增加值同比增长 0.8%；文教、工美、体育和娱乐用品制造业增加值同比下降 4.0%；造纸和纸制品业增加值同比下降 8.0%。

二、发展经验

（一）完善支持政策措施，营造良好市场环境

一是以青海省制造强省领导小组办公室名义印发《2017 年全省开展消费品工业"三品"专项行动工作方案》，进一步细化消费品工业"三品"年度工作目标和重点任务。二是研究制定了《关于促进青海省生物医药产业发展的政策措施》和《青海省藏医药产业战略发展指导意见》。三是组织召开全省"十三五"生物医药产业、食品工业发展规划和全省消费品工业"三品"专项行动实施方案推进会。四是省政府召开青海省藏医药产业发展座谈会，就青海省藏医药产业发展问诊把脉，谋划思路。五是优化财税金融扶持，加大对拟上市企业培育力度，引导和推动银行业金融机构制定"一企一策"信贷投放措施，对传统优势产业和战略性新兴产业转型升级给予优先支持。六是通过"技术创新""重点工业项目前期""节能低碳专项""中小企业发展""信息服务专项"等专项资金渠道对"枸杞干果粉制备方法研究与应用"等 189 个项目累计下达扶持资金 4394 万元，用于支持消费品工业重点项目。七是充分利用青海日报、青海广播电视台、工业和信息化部消费品"三品"专题网站和微信公众号等新闻媒体对青海省实施消费品工业"三品"专项行动营造良好市场环境所取得成效和经验进行持续宣传报道，通过深入重点地区和工业园区开展专项督查和专题调研，及时掌握实施情况及问题，深入推进

"三品"专项行动的开展。

（二）加强自主创新能力建设，提升品种开发能力和水平

一是重视技术创新能力建设。以国家级开发区西宁经济技术开发区为例，目前区内拥有 62 家消费品工业省级及以上研发机构。其中，1 家国家级企业重点实验室，4 家国地联合重点实验室，5 家国地联合工程技术研究中心，23 家省级重点实验室，22 家省级工程技术研究中心，7 家省级技术中心，26 家市级研发中心。二是研究制定政策措施激发企业创新活力。制定实施《青海省工程技术研究中心管理办法》《青海省高新技术企业和科技型企业"双倍增"及科技小巨人培育计划实施方案》等政策文件。三是多渠道支持企业创新研发。生物科技产业园自筹资金，对总投资额在 500 万元（含）以上的工业技术改造项目，按核心生产设备投资额的 5%—10%给予补助，加大企业技改和研发项目的支持力度。四是重点企业研发能力持续提升。以央宗药业自主研发的"梓醇片"取得国家食品药品监督管理局中药一类药物临床试验批件为标志，省内新药创制科研工作取得突破。五是提高创新创业服务水平。积极举办"创新创业大赛""创业大讲堂"等主题活动，为企业营造良好的创业创新营商环境。

（三）弘扬工匠精神，质量标准体系进一步完善

一是组织开展第三届中国质量奖申报工作。印发了《关于开展第三届中国质量奖申报工作的通知》。二是推进技术标准体系建设。修订完成沙棘果酒、沙棘果醋（饮料）等重点产品的食品安全地方标准。完善中藏药栽培种植标准，组织制定《当归种植技术规范》《罗布麻播种育苗及栽培技术规程》等中藏药栽培种植技术标准。三是创新"质量月"宣传活动方式。省经信委联合省委宣传部等 30 个部门制定印发了全省"质量月"活动方案，举办以"提升供给质量，打造品质青海"为主题的"质量月"活动启动仪式暨"质量提升"主旨论坛。四是成功创建西宁藏毯出口质量安全国家级示范区。

（四）抓重点品牌企业培育，提升品牌影响力

一是推动重点行业地理标志产品保护工作，印发《关于青海省实施农畜产品商标注册和地理标志保护工作方案》《青海省推进农畜产品商标和地理标志品牌战略实施意见》，《青海省品牌建设发展专项资金管理办法》明确对注册成功的地理标志证明商标给予一次性资金奖励，涌现出"柴达木枸杞""贵南黑藏羊""门源奶皮"等国家地理标志保护产品。二是积极利用国内"农洽会""农交会""农博会"以及"青洽会""藏毯展"等省内外重要会展活动平台，积极展示青海省优势产品和特色产品。三是抓好特色品牌宣传，通过中央电视台广告精准扶贫项目，对青海省牦牛肉、藏羊肉、菜籽油和藜麦等特色产品在央视 5 个频道进行多轮宣传，提高产品品牌知名度和美誉度。

三、启示与建议

（一）强化创新驱动，培育发展新动力

一是落实《青海省贯彻〈国家创新驱动发展战略纲要〉实施方案》，加大科技投入，完善创新激励机制。二是加大重点骨干企业培育力度，引导企业提升创新能力，进一步丰富产品品种，组建产业化发展联合体。三是以中藏药、生物制品、食品保健品等行业为重点，开展试点示范工作，实施消费品提升计划。四是促进消费品工业和工业设计融合发展，加大相关工业设计机构的引入和对接力度，提高消费品制造企业创意设计水平。五是按照《青海省高新技术企业和科技型企业"双倍增"及科技小巨人培育计划实施方案》的部署，加大消费品领域高新技术企业、科技型企业认定工作和科技小巨人培育力度。

（二）促进产业升级，增强产业核心竞争力

一是分业施策，突出重点，继续实施生物医药、食品工业"十三五"发展规划，推进重点项目建设，增强发展后劲。二是深入推进供给侧结构性改革，不断提高消费品工业供给体系质量，提升中高端消费品制造能力。三是以改工艺、改装备、改产品和改管理为重点，推进消费品领域企业技术改造，提升企业技术装备水平。四是深入实施标准化提升工程，进一步提升行业标准化水平，推进重点行业领域的地方标准制修订工作。五是贯彻落实健康中国战略，推动《关于促进青海省生物医药产业发展的政策措施》和《青海省藏医药产业战略发展指导意见》的出台和实施。

（三）加快发展智能制造，提升创新水平

一是以智能制造为主攻方向，加快轻工、纺织、食品、药品等行业的智

能化改造，打造一批省级数字化车间、智能工厂和两化融合贯标企业。二是推广现代化企业经营管理理念，加快企业管理信息系统建设和升级，推动两化深度融合。三是加快大数据、云计算、物联网等新技术在消费品领域的推广和应用。

（四）提升开放发展水平，夯实转型发展新动能

一是支持企业通过股权投资、合作研发等多种方式和渠道，积极引入国内外消费品知名企业和战略投资者，促进省内消费品工业提升发展。二是充分利用国内外重要展会平台和省内重大招商引资活动，推动落地一批项目。三是积极融入"一带一路"建设，实施"走出去"战略，精心筹备好品牌商品推介活动，在国际上提升青海制造品牌影响力。

（五）加强督促检查，推进工作落实

一是进一步加大综合协调和服务力度，深化"放管服"改革，落实国家支持实体经济发展的政策措施，积极开展产业对接，打造良好发展环境。二是深入开展专项行动宣传和信息交流，及时总结好的成绩和经验。三是加强督促检查，分解落实各项重点目标和任务，确保消费品工业"三品"专项行动扎实有效开展。

第二节　典型地区：云南省

2017年，云南省围绕增品种、提品质、创品牌的"三品"战略，统筹推动稳增长、调结构、降成本等各项重点工作，积极采取有效措施，加快行业优化升级，消费品工业高开稳走，保持了持续稳定的增长势头，综合实力逐渐壮大，竞争力不断增强。

一、运行情况

（一）行业总量稳步提高

2017年，云南省规模以上食品与消费品制造业完成工业增加值587.22亿元，同比增长 10.4%。其中，消费品工业完成增加值 245.78 亿元，同比增长 9.0%；食品完成工业增加值 341.43 亿元，同比增长 11.4%；医药工业完成增加值 139.6 亿元，同比增长 13.5%。全省规模以上食品与消费品制造业实现主营业务收入 2342.46 亿元，同比增长 14.8%。其中，消费品工业实现主营业务收入 913.637 亿元，同比增长 15%；食品工业实现主营业务收入 1428.79 亿元，同比增长 14.7%；医药工业实现主营业务收入 328.12 亿元，同比增长 12.8%。

（二）经济效益快速提升

2017 年，云南省规模以上食品与消费品制造业共实现利税 215.65 亿元，同比增长 19.3%。其中，消费品工业实现利税 89.82 亿元，同比增长 17.9%；食品工业实现利税 125.84 亿元，同比增长 20.3%；医药工业实现利税 59.04 亿元，同比增长 12.8%。

（三）固定资产投资持续增长

全省规模以上食品与消费品制造业共实现固定资产投资 563.4 亿元，同比增长 8.9%。其中，消费品工业完成投资 151.8 亿元；食品工业完成投资 411.6 亿元；医药工业完成固定资产投资 83.9 亿元，同比增长 13%。

二、发展经验

（一）进一步完善政策措施

研究制定并出台了《云南省开展消费品工业"三品"专项行动营造良好市场环境实施方案》《云南省食品与消费品制造业 2017—2020 年度招商引资工作实施方案》《云南省开展加快内贸流通创新推动供给侧结构性改革扩大消费专项行动的实施方案》《关于推动文化文物单位文化创意产品开发的实施意见》《2017 年工业质量品牌提升专项行动实施方案》《2017 年云南省商标品牌工作要点》《云南省降低实体经济企业成本实施细则》等一系列政策措施，支持企业实施增品种、提品质、创品牌的"三品"战略，加大跨部门跨地区的协作力度，持续增强政策联动效果，进一步加大对云南省食品与消费品制造业的政策支持。

（二）加大招商引资工作力度

梳理明确产业发展的重点领域和产品方向以及支撑产业发展的龙头企业和重点项目，聚焦重点，精准招商。组建招商工作组，研究招大引强重点领域、目标企业等内容，进行实地调研和互访考察，加强招商引资工作。分别在上海、山东、河南、广东、福建等省份举办了食品与消费品制造业项目对接与推介会。通过有关行业协会同部分重点企业开展对口洽谈，部分项目已达成合作意向。充分利用商洽会、昆明国际农业博览会、昆明石博会、八大重点产业新闻发布会等展会平台，专题开展"云品"推介宣传活动。

（三）多措并举促进重点项目建设

围绕消费品工业转型升级项目库，培育一批消费品工业重大项目，目前储备有亿元以上项目259个。跟踪并加快可口可乐、贝泰妮、香港宇飞、德宏启升等企业重点项目落地建设。全年利用省级技术改造和技术创新发展专项资金2745万元，支持消费品工业项目38个。引入专业机构，深度策划包装省级重点招商项目15个，总投资47亿元。加快了产业基金的设立、产业投资公司的组建等工作。

三、启示与建议

（一）强化项目建设，培育龙头企业

围绕产业培育重点，紧盯国内外产业技术发展新趋势，充分发挥省级产业集聚区平台功能，增强全局观念和战略思维，主攻重大项目及产业链延伸项目，抓好项目的新开工、续建及投产各环节，进一步完善产业转型升级项目库建设。加强跟踪重点项目、招商项目、有基金需求的项目的推进情况，做好重点行业运行分析及监测预测。积极引导，分业施策，精准发力，鼓励企业走"专精特深"发展道路，突出试点示范带动作用，注重百亿元级医药领军企业的培育。

（二）强化招商引资，提高产业发展层次

进一步拓展云南同广东、福建、上海等地的区域合作，致力打造更具有吸引力的营商环境并做好宣介，加大招商引资和对接工作力度。鼓励企业通过并购、重组、股权投资、引入战略投资人等资本运作手段，做优做强产业。合理配置利用本地优势资源，提高产业集中度，优化区域布局，促进云南省食品与消费品制造业迈向中高端。

（三）强化创新驱动，优化产品结构

加大技术创新和技术改造投资力度，支持鼓励企业采用先进工艺、技术、设备改造提升传统产业，不断提高企业的整体生产技术和装备水平。以消费品工业"三品"专项行动为抓手，聚焦重点行业重点企业，加大政策引导和资金支持力度，优化产业结构，提升产品质量，提高中高端产品供给能力。围绕"云药""云酒""云丝""云茶"等云南名片，培育挖掘云南地理标志商标和特色品牌，形成特色鲜明的民族手工艺品聚集区。

（四）强化基金引导，解决企业融资难题

建立符合市场经济要求的基金管理体制和运营机制，围绕食品与消费品制造产业发展基金，创新产业投融资方式，发挥财政资金和产业基金的引导功能，通过市场化运作，用好用活产业发展基金。重点在企业产品研发、设备技术改造、产业化推广、品牌打造、市场开拓和招商引资方面给予支持，实现基金对社会资本的放大效应，有效解决企业融资难题。

"三品"战略篇

第九章 典型地区"三品"战略研究

第一节 保定市

在"调结构、去产能"的大背景下，随着"三品"战略的贯彻落实，保定市消费品工业规模以上企业数和规模以上企业完成工业增加值上升到新水平，消费品工业体系日益完善，产业结构提档升级，产业发展潜力显著增强，消费品工业支撑作用日益明显。

一、基本情况

2017 年，保定市消费品工业规模以上企业达到 867 家，完成工业增加值 399.23 亿元，规模总量占全市工业总产值的 50% 以上。

生产效益明显提高，创新能力持续增强。保定市把消费品工业作为推动全市经济社会发展的重要引擎，抓好前期运行，强化要素保障，全力推进"稳增长、调结构、转方式"，全市经济平稳健康运行，消费品工业规模以上企业数、完成工业增加值、完成主营业务收入、实现利润等重要经济指标始终保持在全省前列。同时，企业研发投入不断加大，创新平台不断发展，众创空间初具规模。目前，保定市拥有各类消费品企业研发中心 100 余家、已授牌众创空间 58 家，其中，国家级众创空间 12 家，省级众创空间 19 家。

园区项目建设成效明显。保定市依托京津冀协同发展国家战略，围绕承接京津产业转移，探索出"园区共建、筑巢引凤、政企牵手、企业联姻、托管合作、创新联盟"六大非首都功能承接模式，打造了 25 个重点产业园区承接平台。目前，保定市拥有国家级开发区 1 个，国家级新型工业化产业示范基地 1 个，省级经济技术开发区 23 个，河北省新型工业化产业示范基地 3 个，消费品类产业集群 11 个，涵盖纺织服装、箱包制造、中药制药、生活用纸、休闲食品等传统优势消费品产业。

品牌塑造能力显著提升。保定市有序实施名牌战略，大力开展"商标兴企"和"商标专用权保护"活动，不断提升企业核心竞争力和品牌影响，积极推进品牌建设，形成了一批拥有"中华老字号"、中国驰名商标、河北省著名商标、河北省名牌产品等商标的优质企业。截至 2017 年，保定市消费品工业拥有"中华老字号"企业 2 家，中国驰名商标 22 个，河北省著名商标 260 个，河北省名牌产品 118 项，河北省优质产品 86 项。

二、"三品"战略

（一）增品种

1. 开展研发机构创建达标行动

鼓励和支持消费品工业企业同科研院校联合建立研究开发机构、产业技术联盟等技术创新组织，争创省级制造业创新中心。鼓励规模以上消费品工业企业采取自建、共建等方式创建企业研发机构和创新平台，并开展技术创新示范企业认定工作，引导企业加大研发投入，瞄准行业发展重点方向开展联合攻关，突破制约行业发展的技术瓶颈，力争在核心技术、关键技术及高端产品研发、设计、生产和应用等方面有新突破。

2. 大力开展创业创新活动

推动产学研交流合作，以创新创业为纽带，致力打造集创业项目孵化、中小企业扶持、投融资对接、管理咨询等基本功能于一体的消费品创新创业生态园。支持青年创业创新大赛活动，积极组织参加"河北省工业设计奖""文化创意设计大赛"等评比活动，提升保定市消费品产业的创新设计能力，引领消费需求和时尚潮流，提高产品的文化附加值和市场竞争力。

3. 开展消费品精品供应行动

鼓励企业挖掘消费者需求盲点，引导行业发展个性化定制（O2O）、云制造等新型制造模式。支持企业产品革新，淘汰设计陈旧、同质化的低端产品，提高中高端产品供给能力。实施消费品工业单项冠军企业培育计划，培育一批处于国际领先水平的"单项冠军"企业。

4. 实施古城特色消费品提升计划

发挥保定古城优势，发展传统特色产业，运用创意与科技手段推动石雕、瓷器、刺绣、芦苇画等工艺美术和特色工艺品的创新发展，鼓励工艺美术企业参加各级展会，形成"以艺促工，以工兴业"的工艺美术产业发展格局，争创省级文化产业示范基地。

（二）提品质

1. 推进消费品工业技术改造工程

引导纺织、食品、医药等行业的消费品工业企业开展高水平技术改造，并积极为企业争取国家和省级专项技改资金，尽快实现先进技术和装备的广泛应用，提升消费品生产企业加工制造能力和水平，将全行业技术装备水平和全产业链质量控制能力提升到新层次。

2. 实施消费品制造业标准化提升工程

跟踪收集国际国内标准化发展最新动态，及时为消费品生产企业提供标准化信息服务，为企业开展技术标准创新活动创造有利条件，合理引导消费品生产企业标准化良好行为创建活动，指导企业建立科学适用的企业标准体系，实现以标准化为手段推动科技成果转化。

3. 开展消费品工业对标行动

培育对标示范企业，鼓励企业在科技创新、质量管理、品牌建设、节能减排等方面与国内外先进标准对标，提升产品国际标准采标率，建立与国际接轨的生产质量体系。同时，积极开展产品和生产线的国际化认证，提升产品在国际市场的综合竞争力。

4. 提升质量精准化管理水平

强化企业质量主体责任，弘扬精益求精的工匠精神，推进消费品工业"品质革命"，满足消费者对高品质消费品的需求。在生物医药、日用消费品、食品等重点领域，推广产品全生命周期管理信息系统，实现产品研发设计、生产制造、售后服务的全流程质量管控。

5. 实施质量检验检测和认证水平提升行动

在食品、纺织、轻工等主要行业推动建设一批高水平的第三方检验检测机构，提高检验检测技术水平，加强监测能力，同时加快检验检测认证服务的品质提升和供给创新，更好地满足生产企业质量安全检测能力建设需要，为提高产品质量的稳定性和一致性提供保障。

（三）创品牌

1. 加强名牌产品培育

全面落实国家《制造业质量品牌提升三年行动计划》，建立健全品牌培育管理体系，培育一批省级名牌产品、省优质产品、河北省著名商标和中小企业名牌产品，支持现有品牌企业做大做强，打造特色鲜明、信誉良好、市场竞争力强的区域品牌。

2. 提高品牌竞争实力

引导企业围绕研发创新、设计创意、生产制造、质量管理和营销服务全过程，构建品牌管理体系，明确品牌定位，整合渠道资源，提高品牌产品性价比。开展工业电子商务试点示范，积极推动企业与电商平台合作，开展知名品牌产品"全国行""网上行"和"进名店"等活动。

3. 完善品牌服务体系

充分利用资源优势，培育、引进一批具有较强影响力的消费品品牌设计创意中心和品牌运营服务机构，建设发展专业的品牌服务平台，开展自主品牌评价展示工作。建立品牌人才培训服务机构，形成多层次的品牌人才培养体系。

4. 推进品牌国际化

支持企业注册境外商标、购买国外品牌、品牌推广、参加国际知名展会等，扩大产品的国际知名度和关注度。鼓励企业建立国际营销网络，支持企业在境外建设销售网点、展示中心、海外仓、售后服务网点，以品牌和服务拓展国际营销网络，不断扩大国际市场份额。

第二节　通化市

通化市紧紧抓住国家振兴东北老工业基地的战略机遇，按照"产业强市、工业先行"的发展思路，以推动消费品工业转型升级、提质增效为重点，实施创新驱动、投资拉动、项目带动战略，着力做大总量、做强龙头、做精产品、做长产业链，实现通化消费品工业快速发展。

一、基本情况

2017年，通化市规模以上消费品工业实现产值606.2亿元，占全市工业产值的55.8%；实现增加值155.8亿元，占全市工业增加值的62%。

发展质量明显提高。通化市先后制定了绿色转型发展规划和医药健康、食品等5个产业发展实施意见，大健康产业布局全面展开。生物医药集聚区试点通过国家评审，累计90家医药企业通过新版GMP认证；医药高新区被认定为吉林省唯一创新型产业集群培育试点，医药产业产值、增加值、利润等主要经济指标连续27年占据全省第一；鸭绿江河谷葡萄酒庄及研发中心等葡萄酒产业项目开工建设，山葡萄栽培示范区成为国家级农业标准化示范区。医药、食品两大支柱产业完成工业产值占通化市规模以上工业的70%左右。

品牌建设成效明显。通化市围绕绿色转型和全面振兴的总目标，坚持把商标富农、商标兴企、商标强市工作作为促进经济发展方式转变、推进产业振兴的重要抓手。截至2017年，通化市各类市场主体共拥有注册商标11700余件，其中，中国驰名商标达23件，居全省第3位；吉林省著名商标达201件，居全省第3位；地理标志商标11件，居全省第1位。

创新能力进一步增强。通化市现有国家级企业技术中心3家，省级企业技术中心41家，与清华大学、天津大学等高校建立起了长期合作关系，完成重点产学研合作项目50余项。全市组织申报的省级各类科技计划项目114项，"双十"工程实施项目继续处于全省领先位置。

二、"三品"战略

（一）增品种

1. 实施创新能力提升工程

把技术创新作为消费品工业体系建设的中心环节和内生动力，增强原始创新、集成创新能力，特别是引进消化吸收再创新能力。支持企业建设高水平研发中心，强化企业技术创新主体地位，围绕医药、食品加工等重点行业组织实施"强基工程"，着力打造高水平研发机构。

2. 建立和完善产学研协同创新机制

建立市级企业技术研发中心管理制度，畅通产学研交流合作渠道，培育建设由企业牵头、高校和科研院所参与的新型产学研共建研发机构，建立产学研联盟、合作基地，加快产业技术升级，联合开展关键共性技术研发。引导企业与知名高校院所合作，支持企业进行创新人才团队培养和创新人才载体建设，鼓励共建大学科技园、科研机构、技术转移中心等。

3. 加强企业创新能力支撑平台建设

鼓励消费品企业组建省级以上企业工程（技术）研究中心、企业技术中心、行业技术中心、工业设计中心、重点（工程）实验室、国家地方联合工程实验室等高水平研发机构，通过加强科技成果转化的中间环节，推动工程化成果向行业辐射、扩散，提高行业技术水平。

4. 实施生产性服务业培育工程

把拓展生产性服务业作为消费品工业体系建设的战略任务，促进生产性服务业与消费品业协同发展。重点发展工业设计及研发服务、制造业现代物流服务、信息服务及外包、检验检测服务、节能环保和安全生产服务等面向工业生产的现代服务业。

（二）提品质

1. 实施技术改造升级工程

强化技术改造管理体系，加强统计监测分析和项目管理。坚持对标先行、技改跟进，加快对现有消费品工业企业生产装备、工艺条件的改造提升，推动企业实现装备结构升级换代，达到国内先进水平。实施产业链升级工程，完善产业链，狠抓产业整合和产业链延伸。

2. 实施企业管理提升工程

把加强企业管理作为消费品工业体系建设的重要基础，提高企业素质和综合竞争力，引导企业由粗放管理向精细管理转变。引导企业建立现代企业制度和法人治理结构，优化企业组织结构，把企业文化建设放在企业管理的突出位置，完善运营机制，调整资源配置。

3. 实施中小企业和民营经济成长工程

把发展中小企业和民营经济作为消费品工业体系建设的活力源泉，引导中小企业向"专精特新"方向发展，促进民营经济大发展、快发展。引导中小企业进行创新能力建设，培育一批规模效益型、科技创新型、持续成长型"小巨人"企业，带动行业快速发展。支持中小企业、民营企业加强与工业基地、优势企业配套，提高专业化分工协作水平。

4. 鼓励和支持企业参与制定标准

支持消费品企业进行标准创制，对牵头制定并获批国际标准、国家标准、行业标准的企业，分别给予 100 万元、50 万元、30 万元的资金奖励；对当年度获得中国质量奖的企业，给予 50 万元的资金奖励；对当年度新获认定为国家级、省级版权示范单位的企业，分别给予 30 万元、10 万元的资金奖励。

（三）创品牌

1. 实施消费品企业名牌发展战略

支持消费品企业争创国家级驰名（著名）商标，对新认定的中国名牌企业和中国驰名商标企业，分别给予奖励。全面提高商标注册、培育、运用、保护和管理能力，从技术创新、产品质量、市场营销、信用管理等方面着手，丰富商标内涵，大力提升品牌竞争力。

加强对企业自主品牌建设的支持，引导社会资源向知名品牌企业聚集。突出抓好重大科技专项和工程的实施，培育一批拥有自主知识产权的高科技产品，发展壮大一批科技型、创新型企业。支持科技创新和成果转化，鼓励企业引进技术和科技产品，支持高新技术企业培育发展，促进品牌建设。

对全市范围内的中国驰名商标、吉林省著名商标及市知名商标，在市新闻媒体发布广告给予收费优惠。税务、金融机构对驰名著名商标企业在税收、信贷上给予重点倾斜。股份公司以中国驰名商标、吉林省著名商标作价出资的，不受出资比例限制。市政府设立培育品牌建设专项资金，列入年度财政预算。对企业申请农产品商标和国际商标注册、运用商标质押融资、参加国际国内商标注册交流培训和各种展会给予一定比例的补贴。

2. 推动互联网 + 消费品业融合发展

开展"智慧企业"创建活动，引导和组织信息化运营商、信息技术企业为消费品制造业企业提供信息化解决方案，开展咨询、培训和技术服务，逐步完善企业两化融合服务体系。鼓励消费品工业企业与大型电商平台合作，对接全国采购信息，提升企业电子商务能力，提高产品的知名度和美誉度。

采取"政府＋运营商＋平台"模式，推进地方特色电子商务馆建设，拓展地方特色产业带的覆盖范围。建立第三方电子商务平台，引导有条件的专业市场开展 B2C、C2C 交易，同时利用互联网整合市场信息与资源，推动实现集中展示和线上、线下（O2O）交易。

3. 实施企业战略重组工程

把推进企业兼并重组作为消费品工业体系建设的重要手段，提升产业集中度和企业竞争力，提高品牌价值。鼓励强强联合和上下游一体化经营，支持一批骨干企业通过壮大主业、资源整合、业务流程再造、资本运作等方式，在研发设计、品牌经营、专业服务、系统集成、产业链整合等方面形成核心竞争力。

第三节　镇江市

消费品工业是镇江市重要的民生产业和特色优势产业，以落实"三品"战略为契机，以供给侧结构性改革为主线，全市消费品工业实现了健康平稳较快增长。2016 年消费品工业主营业务收入首次突破 2000 亿元大关，已经成为镇江市工业增长和经济发展的重要支撑。

一、基本情况

2017 年，镇江市消费品工业主营业务收入达到 2034.96 亿元，占全部工业的 21.3%；利润总额 107.52 亿元，出口总额 166.24 亿元，增速均高于全省工业规上额度平均水平

规模效益稳步增长。镇江市消费品工业规模以上企业主营业务收入与利润总额实现快速增长，2014 年以来，年均增长率保持在 6.5% 左右，消费品

工业企业经营效益不断改善，企业竞争力不断增强，有效支撑了镇江市经济发展。消费品工业销售产值也不断攀升，从 2014 年的 1597 亿元上升至 2016 年的 2026 亿元，消费品工业销售产值占名义全部工业销售产值比重由 15.6% 上升至 23.8%，消费品工业在镇江经济体系中的地位在不断上升。

重点产业特色鲜明。经过数年发展，镇江消费品工业已形成门类齐全、特色鲜明的产业体系。其中，轻工、纺织、食品和医药四大行业各具特色，尤以轻工和食品业著名，木业、眼镜、纸业蜚声海内外，醋业和眼镜已成为镇江重要的"城市名片"，知名企业有轻工行业的大亚人造板集团、圣象地板、万新光学集团等，纺织行业的堂皇家纺、丹毛集团、友谊手套等，食品行业的恒顺集团、中储粮油脂镇江基地，医药行业的鱼跃医疗、吉贝尔等。

产业结构调整加快。镇江市以消费品产业供给侧改革为契机，坚持一切从实际出发，以特色发展创优势，因地制宜加快结构调整。食品工业产品和医药工业产品成为镇江市新兴出口产品，特色消费品日益被国际市场认同和接受，在行业内的国际地位正发生着积极变化。

二、"三品"战略

（一）增品种

1. 构建消费品工业创新生态体系

加快研发协同创新体系建设，探索具有消费品工业特点的产学研用新模式，推进消费品工业"三站三中心"建设，增强新产品研发能力，促进科技成果转化进程。提高企业自主创新能力，加快消费品领域互联网技术应用，重点加强行业共性、关键技术研发与产业化应用，加快突破技术瓶颈，实现核心技术与装备自主化，形成产业核心竞争优势。集中优势资源，加快推动食品、眼镜、纺织等领域创新品种产业化，增加消费品新品种的有效供给。

2. 提高消费品工业创意设计水平

搭建网络化创新设计平台，推动创新主体多元化，深度挖掘用户需求，不断提高创意设计能力和水平，积极引进新的设计理念、先进技术和管理经验，促进设计成果转化。结合镇江旅游生态与特色消费品，鼓励发展消费品工业旅游、制造工艺体验、文化设计创意等新业态，促进产业跨界融合发展。依托骨干企业，推动建立从原料到终端制品的产业链集成创新技术中心，加强原材料与终端产品设计师之间的深度沟通与协作，实现设计创意资源对接。

3. 开展消费品精品供应行动

加大消费品工业有效投入，大力实施"百项千亿"技改工程和工业投资"双百"工程，提升核心基础零部件、先进基础工艺和产业技术基础发展水平，解决重点产业发展瓶颈问题。优先发展中高端消费品，紧密围绕消费者高端需求，发挥龙头、领军企业的技术优势，使产品更加节能环保、安全健康、智能高效，提高消费品工业有效供给能力和水平。

推动镇江特色文化与消费经济联动发展，重点扶持具有镇江本土特色的食品文化消费品，提升镇江特色文化消费品的档次，同时加强食品旅游博览馆建设和加大品牌宣传力度等，进一步扩大镇江特色文化食品产业影响，争创国家级产业集群区域品牌示范。

（二）提品质

1. 以智能制造为方向，开启产业"智+"时代

实施消费品工业"制造装备升级计划"，全面提升消费品工业企业制造装备整体水平，提高企业劳动生产率和综合竞争力；实施"互联网提升计划"，建立现代化的经营管理体系和管控一体化的现代生产体系，提高生产过程在线监测和质量控制水平。聚焦智能制造的关键环节，抓好智能装备研发生产和生产过程的智能化，积极推动智能制造试点示范。

规范两化融合贯标试点工作管理，促进两化融合管理体系贯标，积极协调解决出现的困难和问题，抓好贯标试点成果交流，组织推广贯标经验模式。促进软件企业和制造业企业合作交流，通过政策宣传解读、企业信息化诊断、优秀案例示范推广等方式，让更多消费品工业企业参与两化融合，享受政策红利。

2. 以先进标准为引领，助推产品质量提升

加快构建政府主导制定标准与市场自主制定标准协同发展、协调配套的新型标准体系，紧扣消费品质量安全因素，实施一批强制性国家标准，突出"国内一流、国际先进"。加快国家技术标准资源服务平台建设，整合行业、

地方、标委会、企业的国际标准和国外先进标准信息资源，最大程度降低采标成本，提高采标工作效率，引导机构向企业采标提供资料和咨询服务，支持企业积极采用国际标准和国外先进标准。

3. 以质量认证为抓手，提升精益管理水平

加快发展消费品工业第三方质量检验检测和认证服务，探索建立质量追溯管理体系专门认证制度。支持重点消费品企业积极采用和参与制定国际质量检验检测标准，推行产品认证制度，推动质量检验检测和认证结果与技术能力国际互认。完善食品工业企业诚信管理体系建设，建立企业诚信数据库，适时发布产品质量报告，实行常态化管理。

建设质量安全平台，鼓励企业对影响产品质量的关键工序、特殊工序进行攻关，推进产品追溯体系建设，督促建立质量安全追溯体系，推动追溯链条向原料供应环节延伸。加强工业企业质量标杆建设，充分发挥优秀企业的榜样带头作用，树立行业标杆，发挥示范效应，促进工业企业提高质量管理能力，提升产品和服务质量水平，加快工业企业转型升级。

（三）创品牌

1. 着力打造地标性产业

以镇江市"3+2+X"产业链体系为重点，完善并延伸产业链，以工业园、集聚区为载体提升产品的制备技术和装备水平，引导产业集聚发展，提高企业研发水平，做大做强眼镜、香醋两个历史经典地标产业，进一步增强产品市场竞争力，提高市场占有率。

2. 培育消费品知名品牌

提高消费品标准化程度，发挥现有知名品牌、商标的示范效应，促进特色传统产业优化升级，支持企业根据市场需求营造新品牌，引导企业注重产品质量，出精品、创品牌，通过不断创新永葆品牌活力。规范品牌评价程序与标准，支持行业协会指导企业开展品牌创建、培育、宣传等活动，并鼓励行业协会依托产业集群、国家新型工业化产业示范基地，指导开展消费品区域品牌创建工作。进一步推进品牌创建，推进特色制造业品牌化，以技术改造、产品升级、品牌打造为重点，着力培育一批驰名商标、省级以上名牌产品和服务业著名商标。

3. 搭建品牌培育服务载体

建设多样化品牌培育平台，推荐品牌产品入驻江苏消费品网上展览馆，提高品牌影响力、认知度和美誉度；依托展会平台，支持消费品工业企业参加全国食品工业品牌大会、广交会等高层次展会，助力企业开拓国内外市场。完善品牌服务体系与评估体系，扶持一批品牌培育和运营专业服务机构，培育一批品牌设计创意中心和广告服务机构，为企业品牌管理提供咨询服务。鼓励优势品牌企业开展国际交流合作，引进国际化品牌管理人才和经营理念，建设海外研发设计机构及营销渠道，积极开拓海外市场，提高品牌产品出口比重。

第四节 合肥市

合肥市消费品工业发展以质量效益为核心，大力推进结构调整，加快产业转型升级步伐，消费品工业实现了平稳较快发展，形成了若干个占据行业技术高端、具有产业综合竞争力的产业链和产业集群，对支撑全市工业经济实现跨越式发展发挥了重要作用。

一、基本情况

2017年，合肥市规模以上消费品工业企业超1000家，消费品工业实现主营业务收入近5000亿元，利润总额近300亿元，出口总额近500亿元。消费品工业主要经济指标均占全部工业的50%以上。

创新能力逐步提升。全市消费品工业创意设计水平较高，中高端消费品供给能力较强，新产品不断涌现。截至2017年，合肥市在消费品工业领域拥有省级以上企业技术中心284家，省级以上工业设计中心46家，工业R&D经费占主营业务收入比重达到1.18%，另有部分医药企业在国外建立研发机构，以企业为主体的医药创新体系日益加强。

质量建设取得新成效。规模以上消费工业企业普遍建立了质量管理体系，产品质量检测方式及质量控制手段逐步同国际接轨。消费品工业重点企业国际对标步伐加快，质量精准化管理日益加强，质量检验检测和认证不断推进。

截至 2017 年，合肥市拥有智能制造试点示范项目 1 个，两化融合管理体系贯标试点企业 25 家，全国工业企业质量标杆企业 2 家，中国出口质量安全示范企业 3 家，全国质量文化建设示范单位 3 家。

品牌效应持续显现。重点行业品牌集中度、品牌附加值、产品利润率进一步提高，骨干企业的品牌意识和品牌经营管理能力明显增强，知名品牌培育步伐加快，品牌服务体系日益完善。截至 2017 年，全市消费品工业拥有知名企业品牌总数 71 家，拥有美菱、安利、美亚光电、阳光电源 4 家国家工业品牌培育示范企业，国家驰名商标 71 件，省著名商标 475 件。

二、"三品"战略

(一) 增品种

1. 打造国内领军企业

实施创新企业百强计划，打造一批引领产业高端发展的创新型龙头企业，引进或并购境内外创新能力强的企业和研发机构，引导组建大型消费品企业，实现规模化、集约化生产经营。大力发展中小消费品企业，引导中小企业为龙头骨干企业发展提供配套服务。

2. 扩大中高端消费品供给

统筹推进科技、产业、企业、产品和市场"五大创新"，聚焦重点领域，密切跟踪国内外多元化和细分市场需求，加大绿色食品、健康用品、智能家电、服装家纺、药品等新产品研发力度，增加中高端产品品种，开展个性化定制、柔性化生产，丰富和细化消费品种类。

3. 提升工业设计能力

推进工业设计中心以及工业设计公共服务平台建设，加强消费品工业企业与工业设计机构对接，促进设计资源开放共享和工业设计成果转化，打造国内乃至国际有影响力的工业设计示范基地。大力引进国内外知名工业设计机构，并通过举行优秀设计作品展、设计创新高峰论坛等活动，营造有利于工业设计产业发展的舆论环境和创新氛围。

4. 加快创新体系建设

推动建设生物医药、纺织服装、食品等重点行业建设跨地区、跨领域的制造业创新中心，为消费品工业企业提供关键共性技术服务。借助科技优势，打造一批工程技术研发中心、重点实验室、产业化示范基地、产业技术创新战略联盟和孵化中心，加快完善创新体系。

（二）提品质

1. 大力推动智能制造

实施面向智能制造的"万千百"创新工程（打造万条数字化生产线、千个数字车间、百家智能工厂），引导消费品行业进行生产过程智能化改造，支持企业建设智能工厂和数字化车间，全面提升消费品企业智能制造水平。鼓励企业应用产品性能监控和物联网智能终端，推进智能服务，保障产品性能稳定性、质量水平一致性。

2. 加强精准化管理

推广现代企业质量管理方法，支持卓越绩效管理模式下质量管理体系整合，加强从原料采购到生产销售全流程的质量管控，提高质量在线监测、控制能力，鼓励企业争创政府质量奖、工业精品等，打造一批行业质量品牌标杆企业，发挥引领示范作用，实现提质降本增效。

3. 实施技术标准战略

建立健全技术、专利、标准协同机制，鼓励企业参与相关行业标准和企业标准制定，力争产品质量达到国内国际先进水平，并全面实施企业标准自我声明公开和监督制度。推进技术标准创新基地建设，开展对标达标活动，持续探索以标准引领两化深度融合的发展新模式。

4. 建立产品质量追溯制度

支持龙头企业实施从原料到生产销售全流程质量管控，建立重大质量事件企业主动报告制度，健全完善家用电器、绿色食品等重点消费品领域覆盖产品全生命周期的质量管理和追溯制度，开展质量安全追溯体系建设试点。建立"质量信用黑名单制度"，对于严重违法违规的企业，特别要对具有主观故意造假行为的企业予以严厉打击并向全社会公开通报。

5. 提升公共服务能力

开展国家质量技术基础服务示范工程，建设一批标准、计量、认证认可、检验检测等质量技术基础"一站式"服务示范点。加快建设国家级和省级产业质检中心，建成一批高水平的消费品质量控制和技术评价实验室，制定消费品工业急需的计量标准。

（三）创品牌

1. 建立健全品牌培育机制

通过自主创新、品牌经营、地理标志保护、商标注册、专利申请等手段，从产品、企业、区域三个层面培育一批拥有自主知识产权、核心技术和市场竞争力的知名品牌。推动各县市区各部门制定相应的品牌发展培育计划，形成品牌建设层级体系和整体合力。

2. 加强品牌推广与宣传

线上，促进品牌企业与大型电商平台对接，拓宽流通渠道，开展品牌产品"全国行""网上行"和"进名店"活动；线下，开展"售名品、创名牌、建名街"等活动，打造消费品工业精品一条街，搭建品牌展示、推广平台。通过多媒体推广、举办论坛等形式宣传推介品牌以及企业，形成良好的产业品牌发展氛围。

3. 建立品牌专业服务平台

指导成立品牌促进会、品牌评价协会、品牌营销策划及产品质量检测认证服务机构，同时，积极与长三角城市经济协调会品牌建设专业委员会合作，组建品牌建设综合服务平台，提供法律、咨询、培训、会计和创意设计等全方位的品牌建设服务。筹建品牌交易中心，为技术产品、商标、专利和版权等提供交易服务。

4. 推进品牌国际化

支持品牌企业参加国际知名展会，为品牌企业实施"走出去"战略提供良好的服务保障，支持企业与"一带一路"沿线国家的知名企业合作，鼓励建立海外研发设计机构及营销渠道，提高品牌国际竞争力，开拓海外市场，提高品牌产品出口比重。

5. 建立品牌保护机制与奖励机制

积极构建包括法律法规、部门规章、管理办法等在内的制度保障体系，持续开展打击侵犯知识产权和制售假冒伪劣商品专项行动，减少或杜绝侵害事件，保护品牌企业合法权益。落实创品牌鼓励办法，资金支持重点消费品产业的品牌建设及服务平台建设，引导企业购买第三方品牌专业服务。

第五节　滁州市

滁州市重视消费品工业核心竞争力和创新能力的双提升，形成了覆盖面广、结构完整的消费品工业体系，随着"增品种、提品质、创品牌"战略的推进落实，进一步满足了人民群众不断增长的消费需求，也在稳增长、促改革、调结构、惠民生过程中发挥了重要作用。

一、基本情况

2017 年，滁州市拥有消费品工业规上企业 824 户，较 2016 年净增 64 户；消费品工业实现主营业务收入 1633 亿元，增长 9.2%；消费品工业在全部工业中占比达 54.5%，较 2016 年提升 0.6 个百分点。

创新能力不断增强。滁州市有高新技术产业基地 1 个，省级高新区、高新技术产业基地 4 个，还引进建立了中国家电院安徽分院、中国质量认证中心滁州分中心和工业设计中心以及汽车与家电技术装备研究院等一批公共服务平台，保证了消费品工业创新能力持续提升。

重点行业贡献突出。"十二五"以来，滁州市智能家电、农副产品食品加工两大支柱产业发展势头较好，运行质量不断优化，2017 年两大支柱产业工业总产值占规上工业总产值达分别为 18.6%、19.2%，合计占全市消费品工业总产值比重达 70%，行业支撑作用十分显著。

品牌竞争力逐步提高。滁州市驰名商标认定、工业品牌示范企业、著名商标认定均取得新突破。目前，经开区绿色食品产业汇聚中国驰名商标 6 件（银鹭、盼盼、养元、雅客、喜多多、蜡笔小新），还有 5 件涉及消费品工业的其他产业。德力日用玻璃股份有限公司被工信部授予工业品牌培育示范企业，另有 209 件商标被认定为安徽省著名商标。

两化融合积极推进。截至 2017 年，滁州市 7 家企业通过工信部两化融合管理体系贯标认定，金禾化工进入国家两化融合管理体系贯标试点企业名单，长电科技、昇兴包装等近十家企业正在开展贯标工作，有23家消费品工业企业被认定为安徽省两化融合示范企业。

二、"三品"战略

（一）增品种

1. 开展项目推进优化行动

将招商引资、项目建设作为促进消费品产业发展、优化消费品产业结构的重中之重，发挥龙头骨干企业和大项目的带动作用，围绕关键环节，在建链、延链、补链、强链上下功夫，落实一批牵动性大、带动性强、科技含量高、对产业升级有重大促进作用的新项目。

2. 开展创意设计提升行动

依托国家级企业技术中心和工业设计中心，推动创意企业孵化园建设，引进一批拥有知名品牌的创意设计龙头企业，提升滁州市产品设计档次和能力，促进工业设计向高端综合设计服务转变。鼓励消费品工业企业增加文化创意设计元素，提升新产品研发能力，增加多样化供给，推动文化产业集群集聚发展，形成规模效应，引导消费升级。

3. 开展食品消费品做大做强行动

重点发展绿色休闲食品、深加工食品以及特色农产品与食品，鼓励和引导企业开展标准制定，促进该行业在高效节能、精深加工等关键技术上取得突破，打造全国重要的食品产业基地。发挥龙头企业的拉动作用，加快滁州经开区绿色食品产业园、苏滁现代产业园建设，加快提高食品综合加工能力，完善质量安全体系，打造全国重要的健康营养产业基地。

4. 开展健康消费品培育行动

发挥区域医药生产门类齐全优势，以生物基因工程和现代中药为重点，打造集研发、生产、销售及信息服务为一体的产业链，优先发展生物营养保健、生物制药、生物医疗设备制造，全力培育现代中药产业，努力发展生物农业技术应用、生物食品产业，形成区域特色。同时，按照产业集聚、布局集中、发展集约的要求，抓龙头、铸链条、建集群，将滁州生物产业提高到一个新的发展层次。

（二）提品质

1. 实施标准化发展战略

一是实施计量基础惠民工程。积极推进企业建立完善的测量管理体系，提高企业计量管理能力，不断提升企业产品质量和综合竞争能力。二是开展检验检测与认证技术服务。提升检验检测技术保障体系，建设一批高水平、高标准、高质量的公共技术服务平台，满足滁州优势支柱产业发展需要，形成特色鲜明、功能互补、覆盖全面、接轨国际的技术服务保障体系，为产业升级和结构调整提供技术支撑。三是严格安全监管，保障质量发展。进一步完善质量监管体系，强化生产、流通、进出口环节质量安全监管，加快淘汰落后产能，促进结构优化升级，建立健全质量安全追溯及责任追究体系。

2. 创新质量管理，提升质量水平

一是加快企业创新能力建设。引导企业加强技术改造和技术进步，增强自主研发和科技创新能力，积极培育龙头骨干企业创建国家级或省级技术中心，争取到 2020 年全市 50% 以上大中型企业建立研发机构。二是推广先进质量管理方法。鼓励行业协会、商会大力推行先进质量管理方法，引导企业建立完善全员、全过程、全公司的质量管理制度，开展对标、达标、标杆超越活动，全面提升质量管理水平。三是加强质量技能知识培训。对企业负责人、质量管理人员、工程技术人员以及广大员工分层次开展培训，开展质量法规、质量知识和质量技能相关教育，推行企业首席质量官制度。四是试点服务质量水平测评。全面推行服务业标准化、规范化、品牌化建设，建成一批省级服务标准化示范企业，重点项目服务质量达到省内领先水平，在市、县两级试点城市建立公共服务质量测评体系。

（三）创品牌

1. 规划品牌发展

落实《滁州市"十三五"实施商标品牌战略规划（2016—2020 年）》，建立品牌建设推进机制，统筹各类品牌建设资源，构建"政府倡导、企业为主、社会参与"的品牌建设服务平台。开展品牌建设基础研究、品牌信息收集与发布、品牌宣传与推介工作，推动各县市区各有关部门制定相应的品牌发展计划，形成品牌建设合力，打造一批具有自主知识产权和核心竞争力的知名企业、知名品牌。

2. 强化品牌培育

以支柱优势产业等为重点，争创国家级省级知名品牌创建示范区、农产品质量安全县、电子商务示范基地等；支持战略性新兴企业集聚发展基地骨干企业申报国务院政府质量奖、安徽省政府质量奖、中国驰名商标和安徽名牌等；鼓励龙头企业探索品牌国际化，通过国际注册、品牌收购、品牌推广等方式，着力提升品牌核心价值和影响力。支持农村合作社、涉农加工企业申请注册农副产品商标，推广"公司＋商标（地理标志）＋农户"的模式，充分发挥涉农龙头企业的带动辐射作用，鼓励涉农加工企业积极争创中国驰名商标和安徽名牌。

挖掘老品牌潜在价值，加大对"安徽老字号"品牌的培育力度，加强对"安徽老字号"品牌的开发运用。同时，针对全市产业资源特点，深入调研行业发展前景，挖掘地理标志潜力，着力培育具有滁州地方特色的农产品、食品、酒类和手工艺品等消费品。

3. 加大品牌推广

开展"质量月""消费者权益日"等活动，以博览会、发布会、洽谈会等形式搭建品牌展示平台和推广平台，扩大品牌影响力与知名度。通过政府购买服务等形式鼓励中介机构参与品牌建设，加快引进和培育一批高水平、专业化、公信力强的服务机构，提供质量咨询、标准研究、品牌推广、合格评定等品牌服务，推动质量服务市场化进程。

第六节　莆田市

消费品工业是莆田市的传统优势产业、支柱产业和富民产业，也是莆田市工业经济的重要支撑，莆田市向来高度重视消费品工业发展，大力开展消费品工业"三品"专项行动营造良好市场环境，使消费品工业在"稳增长、调结构、惠民生"中发挥了更为重要的作用。

一、基本情况

2017 年，莆田市消费品工业规模以上企业数 1033 家，占全市规模以上工业企业数的 81%；实现规模产值 2312.8 亿元，同比增长 11.4%，占全市规模工业总产值的 72.2%。

产业集聚效应显著。消费品工业是莆田市传统优势产业、支柱产业和民生产业，2016 年消费品工业实现规模工业总产值 2312.8 亿元，占全市规模工业总产值的比重超过 70%，形成了以制鞋、工艺美术、食品加工、纺织服装、医药等为主体的产业集群。

产业创新能力强劲。技术创新方面，2014 年以来，消费品工业累计申请专利 11936 件，规模以上工业企业 60% 以上建立了技术中心或研发机构，两化融合管理体系贯标试点企业 6 家。业态创新方面，加快推进消费品工业与生产性服务业融合发展，重点在工艺美术、纺织服装、制鞋等传统优势特色产业中推行个性化定制与柔性化生产。产品创新方面，引导企业针对消费需求细分市场，加大产品创新研发力度，进行产品、品牌及产品组合的持续优化。

品质提升成效显著。强化标准引领，莆田市消费品工业企业、行业协会主导或参与制定国家标准 36 项，行业标准 37 项，部分标准填补了行业空白。实施借智引智，深化院地合作，与清华大学、北京大学等 30 多个科研院校合作。健全平台体系，莆田市已建立多个国家级研发设计中心、产品质量监督检验中心，涉及制鞋、工艺美术、纺织服装等多个行业。

品牌创建基础扎实。莆田市注重品牌创建，促进医疗健康、绿色食品、工艺美术等国际品牌建设，区域品牌、集体品牌和企业自主品牌建设不断推进，同时积极引导和支持消费品工业企业"走出去"，提升品牌知名度和影响力。目前，全市消费品工业拥有国际性区域品牌 2 个，国家级区域品牌 10 多个，中国驰名商标 33 件，中国名牌产品 7 件。

二、"三品"战略

（一）增品种

1. 加快新产品开发

支持企业组建或联合高校、科研院所共同组建企业技术中心、工程（技术）研究中心、检测中心、重点实验室等研发机构，提升新产品开发效率。发展网络化制造、个性化定制等新业态，深度挖掘消费需求，以消费为导向，开发性能优越、附加值高的新产品。

2. 加强产品创新设计

支持企业创建国家级、省级工业设计中心，鼓励企业应用设计云平台进行协同设计，加大智能制造新产品设计的支撑，提升消费品创新设计能力。引进和培养研发设计人才团队，培育发展创新设计研究院、制造公共服务平台，为企业提供技术研发和工业设计服务。

3. 促进中高端消费品有效供给

策划引进一批技术含量高、带动能力强、绿色环保的大型消费品工业企业和项目，培育产业龙头，支持行业向"设计时尚化、技术高端化、品牌国际化、模式多元化"集中突破，增加个性化、多元化消费供给。充分利用国家实施"一带一路"战略的发展机遇，加强针对新兴经济体市场供给品种的研发。

4. 培育细分领域"单项冠军"

推动中小企业"专精特新"发展，着力支持中小微企业专注细分产品市场的创新，增强企业对特色技术、工艺的掌控能力，提高专业化生产和协作水平，做细分市场的领导者，培育消费品工业单项冠军示范企业。

（二）提品质

1. 提升智能制造水平

加大对企业技术改造的支持力度，推动消费品行业加快"机器换工"，鼓励进行柔性化生产和快速反应生产改造，支持建设一批智能制造试点示范项目。深入实施两化融合，促进新能源、新工艺、新材料、新技术、新设备和新模式的运用，推动工艺进步和技术革新。

2. 推行先进质量管理体系

推广运用精益制造等先进质量管理技术和方法，加快推进专业化、规模化、标准化、产业化的优质原料基地和加工基地建设。支持行业协会和企业参与国际、国家、行业、地方标准的制修订，增强消费品领域标准制定的话语权，引导企业开展质量对标，按国际标准或出口标准组织生产，培育一批质量标杆企业。

3. 推进质量检验检测和认证

促进发展第三方质量检验检测和认证服务，探索建立质量追溯管理体系专门认证制度，提高质量检测认证机构公信力。推行产品质量认证制度，推动质量检验检测（认证）结果与技术能力的国际互认，支持重点消费品企业采用国际检测标准。

4. 强化信息服务载体建设

加快信息化在企业活动中的应用，促进企业应用综合管理系统，进行智能化改造和流程再造，实现生产管理精细化和智能化。实施"智慧莆田工程"，推进无线城市、城市光网、工业互联网、云计算服务平台等项目建设，推动信息基础设施的共享共用。

（三）创品牌

1. 推动品牌建设

积极创建全国知名品牌示范区，借助产业优势构建区域品牌和企业品牌复合式运作发展模式，以打造特色小镇和现代产业集群为载体，加快消费品产业品牌建设。加强企业商标品牌培育，大力发展地理标志保护产品、生态原产地保护产品、地理标志集体商标，鼓励消费品行业中小工业企业创建和发展商标品牌，

2. 提升品牌竞争力

积极参与工业和信息化部工业企业品牌培育试点工作，引进发展一批品牌培育专业服务机构，指导企业建立科学的品牌培育管理体系和各具特色的企业品牌文化，提升品牌价值。支持企业参与国家质检总局品牌价值评价工作，逐步提升品牌知名度和影响力。

3. 推进品牌国际化

引导企业积极注册境外商标，支持一批优势企业和自有品牌"走出去"，通过全球资源整合、业务流程改造、产业链提升、资本运作等方式，提升产品国际竞争力。鼓励有实力的消费品企业收购国外品牌或将自主品牌进行商标国际注册。支持和加快与跨境电子商务发展相适应的销售、物流、通关、海外仓等体系建设，提高自有品牌出口比例，扩大国际影响力。

4. 创新品牌营销

做强中国（莆田）海峡工艺品博览会、中国（仙游）红木古典家具精品博览会等展会，支持消费品企业参加国内外专业展会、国际大型会议活动，加大莆田消费品品牌宣传与推广力度，探索培育一批具有国际渠道、拥有核心竞争力的品牌展览展示机构。支持品牌企业创新商业模式，与大型电商平台对接，组织开展知名品牌产品"全国行""网上行"和"进名店"等活动，促进产销对接，拓宽流通渠道，减少流通环节。

5. 优化品牌服务

面向消费品企业提供品牌资产建设、信息化建设、渠道建设、媒介管理、市场活动管理等多方面服务，支持中小企业创新商业模式，与第三方品牌营销专业机构进行合作，开展品牌营销服务外包。加强与国内外咨询机构合作，开展"三品"战略和品牌管理运营人才培训。

第七节　襄阳市

襄阳市把发展消费品工业作为推动供给侧结构性改革的重要内容，全面促进"三品"行动的落地实施。全市消费品工业结构调整步伐加快，发展新动能不断壮大，重点行业和主要产品实现了长远发展，襄阳作为省域副中心城市和汉江流域中心城市的地位进一步得到巩固。

一、基本情况

2017年底，襄阳市消费品工业规模以上企业达到593家，比上年新增27

家；行业总产值达到 1610 亿元，同比增长 9.5%。

近几年，襄阳市消费品工业得到较快发展，形成了"千帆竞发、百舸争流"的蓬勃发展态势，主要表现在以下几个方面：第一，产业实现快速稳定发展。主营业务收入从 2014 的 1840.99 亿元增加到 2016 年的 2336.05 亿元，年均增长 12.8%。第二，消费品工业经济地位进一步巩固。消费品工业主营业务收入占全市工业比重稳定在 40% 上下；利润总额占全市工业比重稳定在 35% 左右；出口总额占全市工业比重从 56% 跃升至 72%，三年提高了 16 个百分点。第三，产业发展成效显著。食品加工业过千亿，纺织服装工业过 500 亿，医药加工、轻工制造均过百亿，消费类电子过 50 亿元。第四，试点示范成效彰显。襄阳先后荣获"国家军民融合产业示范基地""全国纺织产业转移试点园区""国家信息消费试点城市""全国食品安全示范城市"等荣誉。

二、"三品"战略

（一）增品种

1. 增加消费品精品供给

鼓励企业深度挖掘用户需求，加大精品制造力度，增强中高端产品供给能力，支持企业发展高附加值消费品，同时，支持企业技术改造，淘汰不适应市场需求、设计陈旧、同质化的低端产品。实施"互联网＋"行动，在食品、服装、家电、医疗器械等消费品行业推广个性化定制（O2O）、众包设计、云制造等新型制造模式，增强企业与消费者的互动。

2. 提升企业创意设计能力

在产品设计开发、外形包装、市场营销等方面更加体现人性化和精细化，满足多元化市场需求。以服装、家纺、食品等行业为重点，开展创意设计试点示范建设，争创"全省创意设计名城（产业园）""省级工业设计中心"，组织消费品企业参加工业设计大赛。

3. 发展绿色智能健康消费品

支持企业加快推进绿色食品、智能家具、可穿戴设备等中高端产品的开发和产业化，推动消费品制造向高端化、规模化和体系化发展。培育行业标杆企业，鼓励推动龙头骨干企业入围全国制造业"单项冠军示范企业"、优质企业跻身全省千家工业"领军企业"行列。

4. 开展产业链补短板行动

将补短板作为"增品种"的重要环节，延伸产业链，提升价值链，不断培植产业发展新动能。例如，食品加工业突出休闲食品、健康食品、时尚饮品开发，纺织服装工业突出高端家纺、品牌服装开发，医药工业突出医疗器械、医疗耗材、化学创新药和仿制药研发。

5. 发展地方特色消费品

发挥襄阳市厚重的楚汉和三国文化，鼓励企业开发特色食品和工艺品，支持柳编、汉陶等传统特色工艺品的创新发展，推动产业提升档次。开展市级工艺美术大师评选活动，鼓励相关企业和从业人员参加国家级和省级评选活动，支持工艺美术大师建立个人工作室。

（二）提品质

1. 开展消费品制造业对标

打造"标准化＋先进制造"模式，支持企业开展技术标准创新活动，制定和实施高标准的企业标准，以标准化为手段推动科技成果转化。在轻工、纺织、电子等行业依托检验检测机构，引导企业提升生产标准，提高国际标准采标率。培育对标示范企业，鼓励企业在科技创新、质量管理、品牌建设等方面与国内外先进标准对标，建立与国际接轨的生产质量体系。

2. 开展质量精准化管理

推进消费品工业"品质革命"，满足消费者对高品质产品的需求，开展质量标杆评选活动，引导企业深入实践质量标杆的成功经验。普及先进质量管理技术和方法，切实提高企业质量管理能力和产品可靠性，支持对重点行业、关键环节进行技术改造，在生物医药、日常消费品、食品等重点领域，推广产品全生命周期管理信息系统，实现全流程质量管控。

3. 加强质量检验检测和认证

加强监测能力建设，加快检验认证产业园建设进度，培育第三方检测机构，提高检验检测技术水平，为产业集聚区和区域经济发展提供质量技术支撑，争创"工业产品质量控制与技术评价实验室""食品企业质量安全监测技术示范中心"。推进产品信息化追溯体系建设，搭建信息服务平台，扩大追溯网络覆盖面，对食品、药品、农业生产资料等进行严格管控，确保质量安全。

4. 加强企业诚信体系建设

开展"食品安全周""诚信守法企业"评选、企业质量信誉承诺等活动，引导企业完善产品质量安全信息追溯体系，鼓励企业实施国家标准、建立诚信制度，引导企业落实质量安全主体责任，实现企业自觉履行质量责任，探索建立企业履行承诺情况的跟踪反馈机制。

（三）创品牌

1. 积极培育知名品牌

鼓励企业申报中国驰名商标、中国地理标志、中华老字号等品牌，推进行业性品牌集群建设，争创"知名品牌创建示范区""国家工业品牌培育示范企业"，引导行业协会、产业园区创建区域品牌和集体商标。鼓励企业借助新媒体开展品牌推广和产品营销，支持有条件的企业建立品牌宣传平台，组织企业参与网上交易会、线上展销会，帮助企业拓展市场。

2. 努力提升品牌竞争力

强化企业品牌意识，引导企业明确品牌定位，整合渠道资源，提高品牌产品性价比，鼓励企业自主设计、自创品牌。在医药、食品、轻工、纺织服装等行业开展工业电子商务试点示范，推动企业与互联网企业合作，支持知名企业参与"全国行""网上行""进名店"等活动，拓宽流通渠道，提升品牌影响力。

3. 完善品牌服务体系

扶持品牌培育和运营专业服务机构，培育引进消费品品牌设计创意中心，建设专业品牌服务平台，鼓励企业利用线上线下资源开展品牌管理咨询、网络市场推广等品牌营销活动。开展自主品牌评价工作，组织消费类名优企业、产业园区参与品牌价值评价活动，不断提高品牌价值和影响力，提高广大消费者对中高端品牌的认可度和支持度。

4. 推进品牌国际化

支持企业在境外注册商标，参股或并购国外品牌，鼓励优势企业通过"一带一路"走出去，扩大品牌国际影响力，提高国际市场份额。支持企业建立国际营销网络，建设境外销售网点、展示中心、海外仓、售后服务网点，引进品牌营销人才，以品牌和服务拓展国际营销网络。

5. 实施品牌保护战略

完善品牌保护的法律法规，加强市场监督指导，实施质量品牌考核，建设知识产权系统社会信用体系，完善考核指标体系，加大对消费品行业知识产权保护力度，完善对技术、专利、品牌等无形资产的保护，在专利申请、商标注册、品牌战略等方面给予企业鼓励和支持。

第八节　青岛市即墨区

即墨区将消费品工业"三品"战略的实施与传统产业改造提升、时尚产业深入发展紧密结合，引导产业向时尚化、个性化、智能化、绿色化、高端化发展，深化了消费品工业对经济发展的支撑作用，提升了即墨区工业品牌、城市品牌的知名度和美誉度。

一、基本情况

2017年，青岛市即墨区完成地区生产总值1270亿元，同比增长9%；规模以上工业总产值3080亿元，同比增长12%。

技术创新优势凸显。即墨区通过政策扶持，支持企业增强自主研发能力，培植自主知识产权，重点加强企业技术中心梯队建设工作。截至2017年，全区拥有各级企业技术中心136家，涉及纺织服装、食品饮料、家电电子等消费品行业，其中国家级企业技术中心6家，山东省级技术中心20家，青岛市级技术中心110家；省级工程研究中心4家，青岛市级工程研究中心5家；拥有省级工业设计中心7家，青岛市级工业设计中心7家。

产业集群优势形成。纺织服装产业是即墨区传统优势产业，纺织服装企业达到2800余家，产业集中度高、规模明显、优势突出，形成涵盖全产业链的产业集群，对产业发展和区域经济贡献比较突出，先后荣获"中国针织名城""中国童装名城""全国纺织模范产业集群""国家级出口纺织服装质量安全示范区""纺织服装产业国家级示范工业基地"等称号。

品牌建设成效显著。即墨区积极实施"品牌兴市"战略，通过管理创新、技术创新、产品创新，创建出一批质量好、效益高、叫得响的工业知名品牌。即发集团、红领集团列入首批工信部品牌试点单位、全国工业品牌培育示范企业，红领酷特智能获得全国质量标杆企业、全国服装品牌品质大奖等，英派斯科技荣膺健身器材行业首个"中国驰名商标"。

二、"三品"战略

(一)增品种

1. 启动消费品创意设计升级计划

以服装服饰、食品、家电、消费类电子等行业为重点，创建时尚创意设计产业园区、工业设计中心、"众创、众包、众设"网络平台，开展工业设计创新示范，开展工业设计机构与制造企业对接活动，推进工业设计、文化创意和消费品工业融合发展。加快设计成果的转化、运用和推广，提升产业创新设计能力，引领消费需求和时尚潮流，提高产品市场竞争力。

2. 实施消费品精品供给行动

鼓励企业挖掘用户需求，适应和引领消费升级趋势，在产品开发、创意设计和用户体验等方面加强创新，开展个性化定制、柔性化生产，丰富和细化消费品种类。开展消费品工业"单项冠军企业"培育提升专项行动，培育一批生产技术和工艺国际领先，产品质量精良、创新能力强、拥有核心自主知识产权，性能指标处于国际领先水平的"单项冠军企业"。

3. 实施智能、健康消费品发展计划

推进智能消费类产品研发和产业化，建立覆盖全产业链的新业态，实现智能产品的高端化、规模化、体系化发展。食品行业，根据市场需求发展营养与保健食品、特殊膳食食品，满足高层次的消费需求；医药行业，支持企业对已有产品开展微创新，满足多层次、个性化市场需求；医疗健身器械行业，改进产品设计、功能定位等，满足自我健康管理需求。

4. 实施行业基础能力提升计划

围绕落实《中国制造2025》、"互联网＋"战略和"三中心一基地"行动计划，不断强化消费品工业基础能力建设，提升核心基础零部件（元器件）、关键基础材料、先进基础工艺和产业技术基础发展水平，解决重点产业发展瓶颈问题，带动有效供给。

（二）提品质

1. 开展消费品对标达标行动

支持重点消费品企业在科技创新、工艺装备、质量管理、节能减排等方面与国际先进标准对标，建立与国际接轨的生产质量体系，培育一批对标达标示范企业。推行企业标准"领跑者"制度，鼓励龙头企业采用优于国家和行业的标准，培育一批标准创新型企业。

2. 实施消费品制造业标准化升级工程

创新"标准化＋先进制造"模式，以产业链延伸、对接、产品升级换代为重点制定消费品工业地方标准，争取主持或参与相关国际标准、国家标准、行业标准制定工作。支持消费品生产企业开展技术标准创新活动，以标准化为手段推动科技成果转化。

3. 开展质量精准化管理提升行动

引导企业增强质量、品牌和营销意识，弘扬企业家精神和工匠精神，实施精细化质量管理，在重点企业逐步推行首席质量官制度。全面推广先进质量管理技术和方法，切实提高企业质量管理能力和产品可靠性，通过实施质量奖励制度，培育树立一批质量标杆企业。

4. 提高质量检验检测和认证水平

加强监测能力建设，推动建设一批覆盖纺织、食品、轻工等主要行业的第三方检验检测机构，创建质量控制和技术评价实验室、食品企业质量安全检测技术示范中心。加快检验检测认证服务的品质提升和供给创新，更好地满足生产企业质量安全检测能力建设需要。

5. 实施制造装备升级工程

加快技术改造步伐，全面提升企业制造装备整体水平，突出数控装备普及换代、现有装备智能改造、工业机器人推广应用等，培育智能制造模式，支持企业进行装备自动化、数字化、智能化升级，提高规模以上企业关键工序数控化比率，建设消费品行业数字化车间。

（三）创品牌

1. 实施消费品名牌产品培育计划

健全品牌培育管理体系，加大优势产业扶持力度，培育一批名牌产品、驰名商标，引导企业创建国家工业品牌培育示范企业，支持"中华老字号"、名牌产品、驰名商标企业不断提升品牌价值，扩大市场占有率，打造一批消费品工业精品品牌。推动产业园区和特色产业集群争创国家"知名品牌创建示范区"，打造特色明显、竞争力强、市场信誉好的区域品牌。

2. 实施品牌竞争力提升计划

引导企业构建品牌管理体系，明确品牌定位，采用合理定价、差异发展等策略，整合渠道资源，提高品牌产品性价比。推动企业与国内外互联网企业合作，创新商业模式，促进产销对接，拓宽流通渠道，减少流通环节。建立品牌商品工商对接机制，组织企业参加名优产品洽谈会，开展知名品牌产品网上行和进名店等活动，帮助知名品牌构建渠道、开拓市场。

3. 实施品牌服务体系再造计划

发挥即墨"中国针织名城""中国童装名城"优势，创建一批品牌培育和运营专业服务机构，发展一批具有较强影响力的消费品品牌创意设计中心和广告服务机构，建设一批专业品牌服务平台、展览展示机构，加快形成集"品牌培育、评价、推广"于一体的服务体系。

4. 实施行业隐形冠军培育计划

鼓励中小企业创业创新，增强中小企业创新活力，培育一批"专精特新"产品，扶持一批长期专注于行业特定细分产品市场、单个产品拥有强大市场地位和较高市场占有率的行业隐形冠军企业。支持消费品企业在智能制造、制造业服务化、管理创新、质量提升等方面加大投入力度，推广红领智能制造模式，培育消费品工业"三品"示范企业。

5. 推进品牌国际化

抢抓"一带一路"和自贸区战略机遇，支持企业开展境外商标注册和国际标准认证，收购国外品牌，扩大产品的国际知名度和关注度。支持品牌企业参加国际知名展会，开拓国外市场，加大品牌宣传推广，不断扩大国际市场份额。支持企业建立国际营销网络，在境外建设销售网点、展示中心，以品牌和服务拓展国际营销网络。

第九节　宁波市海曙区

海曙区积极顺应和把握消费升级大趋势，以建设"制造强区"为统领，以"智能经济""数字经济""时尚经济"为抓手，深入推进消费品制造业转型升级，全区消费品工业总体呈现质效提升、品牌优化的良好发展态势，形成了纺织服装业、家用电器、文教用具等多个优势产业。

一、基本情况

2017 年，宁波市海曙区消费品工业规模以上企业 355 家，规模占全区工业总量的 50% 以上。纺织服装产业总量领先，增加值同比增速达到 10.2%；食品工业、医药工业、消费类电子等领域发展势头强劲，增加值同比增速分别达到 72.5%、14.8%、18.2%。

创新体系日趋完善。海曙区通过"百创汇海""凤来雁归"汇聚创新人才，营造了良好的创新氛围，企业积极开展自我创新研发，持续加大创新投入，区域创新能力提升较为显著。截至 2017 年，海曙区在消费品工业领域拥有省级企业研究院 2 家、省级高新技术企业研究开发中心 7 家、国家级博士后工作站 2 家、省级院士工作站 5 家。

品牌竞争力不断提升。一是企业品牌驰名中外。截至 2017 年，海曙区各类消费品工业中国驰名商标 10 个，中国名牌 9 个，"中华老字号" 2 个，浙江省著名商标 35 个，浙江省名牌 24 个。雅戈尔、太平鸟等龙头企业与国外顶级品牌开展合作，开发、生产高端产品。二是区域名片影响广泛。现已经拥有蔺草之乡、中国竹笋之乡、水表之乡等一批区域品牌，古林镇成为全国纺织服装外贸出口生产基地。

平台体系日益完善。以望春工业园区作为集聚集约式发展基础，设立望春科创中心、望春电商园，搭建市级小微企业创业基地、市级创客服务中心等平台。海曙区消费品工业逐步建立了以特色小镇、工业园区为产业基础，以电子商务等新兴商业模式为销售渠道，以博览会、设计展览为品牌展示窗口的综合性平台服务体系，在高端智力引进、政策帮扶、知识产权服务、高端人才培训等方面为消费品工业改造提升提供了专业化的综合性服务。

二、"三品"战略

（一）增品种

1. 强化工业设计能力

鼓励企业整合内部设计研发力量，吸引高端设计资源，围绕传统优势产业需求，积极融入文化创意元素，大力发展产品系列设计、产业链系统化设计。引导开展特色工业设计基地建设，鼓励龙头企业与国际设计平台加强合作，建设创新设计公共服务平台。推动与国际创新设计机构的交流与合作，联动国内外资源形成合力，建设融贯商品生命周期的创新体系。

2. 提升企业自主创新能力

支持企业研发机构集聚创新资源，开展产品创新、商务模式创新、组织方式创新，提升企业研发机构支撑企业转型升级的能力。加快企业重点实验室、工程技术研究中心、企业技术研发中心等载体的建设步伐，推进实现规模以上工业企业研发机构、科技活动全覆盖。

3. 加快"互联网＋"产品创新模式

支持企业通过互联网大数据深度挖掘用户需求，适应和引领消费升级趋势，推行大规模定制，实现与消费者零距离融合，创建制造业与互联网融合发展示范区、新模式示范试点。强化社会协作与技术支撑，搭建信息采集服务平台，健全数据共享和协同制造机制，探索定制化服务的设计方法，建立技术标准和服务规范。

4. 加快消费品供给升级

开发智能绿色消费品，集成应用创新技术，以科技与艺术的创造性思维，设计开发具有功能性和高附加值的消费品，满足消费者对健康保健及功能集成的需求。开发高档消费品，融入文化创意元素，推动行业向设计创意化、产品品质化、品种个性化方向提升发展。

（二）提品质

1. 发展智能制造新模式

提升智能制造服务支撑水平，鼓励企业对传统生产线或生产系统进行技术改造，深化探索智能制造新模式，建设智能工厂和数字化车间，争创国家智能制造试点示范项目。引导企业整合产品全生命周期数据，形成面向生产组织全过程的决策服务信息，为产品优化升级提供数据支撑。鼓励企业基于互联网开展故障预警、质量诊断等在线增值服务，拓展产品价值空间，实现从制造向"制造＋服务"转型，培育一批"制造业＋互联网"试点示范龙头企业。

2. 加强全流程质量管理

在规模以上消费品工业企业中全面普及有效质量管理方法，围绕主要工业平台、产业集群，推动实施先进质量管理方法，结合智能制造、两化融合工作，引入先进工艺装备和信息技术，提升质量控制能力。完善质量监管体系，推动企业建立质量首负责任制，优化供应链管理，完善产品溯源体系。推进消费品领域产品检验检测、技术评价、质量认证等公共服务平台建设，鼓励龙头企业开放计量检测技术服务平台，争创产品质量安全示范区。

3. 加强"标准化＋"建设

坚持标准化战略与知识产权战略、品牌战略协调发展，实施标准升级计划，鼓励企业积极采用国际标准和国外先进标准，加强标准化、一致性评价工作，规范企业标准化管理，不断提升采标率。树立示范标杆，鼓励企业参与国际、国内、行业及团体标准制修订，形成一批掌握标准话语权的优势企业。依托宁波市标准化研究院，加快培育专业标准化技术组织，开展块状产业标准化示范。

（三）创品牌

1. 大力提升企业品牌竞争力

鼓励企业建立多层次品牌体系，实施差异化发展策略，制定商标品牌发展战略规划，加大品牌建设投入力度，提升内在素质，夯实品牌发展基础，提升企业品牌影响力。协助企业构建完善的品牌管理体系，提高商标品牌管理水平，整合渠道资源，提高品牌产品性价比，同时提高品牌与商标自我保护水平，培育一批拥有较高行业知名度的专业化品牌。

加大知名品牌培育力度，在重点消费品领域培育一批行业"明星"品牌、"明星"产品；支持消费品制造龙头骨干企业拓展国内外时尚市场，培育一批满足人们消费需求升级换代的知名时尚品牌；推动传统特色消费品加快"中华老字号"传承升级。

2. 着力提升区域品牌美誉度

依托特色优势行业、产业集群开展品牌创建工作，争创全国知名品牌示范区，深度挖掘文化内涵，加大区域品牌宣传力度，提升区域品牌知名度和影响力。制定完善"区域名牌推广使用和监督管理办法"，强化区域品牌管理，提升区域品牌形象。探索建立建立品牌商品工商对接机制，积极开展区域品牌、企业品牌产品"全国行""网上行"和"进名店"等活动。

3. 创新渠道拓宽品牌影响力

融入国家"一带一路"合作倡议，鼓励消费品工业外向型企业实施"走出去"战略，依托跨境电商平台主动开拓国际市场，提高品牌产品出口比重。加大涉外商标注册的扶持力度，支持企业开展商标国际注册和自主品牌国际化建设，支持企业开展跨国并购或购买品牌商标使用权。鼓励本地品牌企业开展国际交流合作，主动对接国际高端资源，引进国际化的品牌经营理念和专业人才。依托互联网、数字化及智能化技术，打造"线上＋线下＋智能物流"的新零售模式，扩展品牌营销全渠道，建立线上线下协同并进的品牌营销模式。

4. 完善优化品牌服务体系

开展消费品整体品牌形象宣传，建设消费品会展平台，鼓励本土优势企业参加国内外知名时尚会展活动，提升品牌公共服务水平。培育和引进品牌运营管理服务机构，引导行业协会发挥品牌服务作用，积极与国际国内人才教育、培训机构合作，培育品牌服务机构。

企业篇

第十章 重点消费品企业研究

2017 年，我国消费品工业企业在品牌与创新方面取得了突出的成绩。品牌发展方面，以九阳和北冰洋为代表。九阳通过强化自主创新、次序革命与场景体验直连用户等手段，开发出了具有新时代特征的产品，推动了智能化品牌创建，打造了一系列极具中国厨房特色的国民级品牌；传统老字号北冰洋汽水通过引入现代元素、健康元素和新零售、新营销，实现了品牌升级。创新发展方面，以三元、康美、恒瑞和华孚为代表。三元借助在品质监管、国际合作研发与多元化营销等领域中的创新，获得了新的市场，实现了市场地位的崛起；通过探索健康小镇、"智慧＋"大健康平台、医改"康美模式"等新的发展模式，康美药业获得新的发展动力，实现了企业的飞跃式发展；恒瑞医药抢抓创新药研发、走国际化研发道路、健全研发创新体系、丰富技术创新途径，实现了自身的创新驱动；华孚时尚则借助速度创新、产品创新与业务创新，占得了重要市场地位。

第一节　九阳推进智能化品牌创新

一、企业概况

1994 年，九阳第一次将工业化和智能技术注入古老的豆浆生产方式中，继而发明了世界上第一台全自动智能豆浆机。随后九阳将这台"中国的礼物"推广到世界上 50 多个国家和地区，这台全自动智能豆浆机成为厨房电器产品中第一个由中国人发明的产品，是名副其实的"中国原创"。如今九阳有两处研发和生产基地，设有国家级企业技术中心和工业设计中心、国家 CNAS 认证认可实验室，拥有专利技术 3008 项，且九阳仍在继续着力打造企业智能生态。

九阳自成立之日起，一直以智能创新为使命，致力于打造健康的饮食与生活方式，推行持续的产品与服务创新。1995 年，九阳成立销售部、生产部与研发部，开始专业化企业运作，其中研发部担当着九阳的主要创新功能，自此九阳走上智能化自主研发创新之路。1999 年，九阳成功研发出豆浆机"智能不粘技术"，解决了用户生活中豆浆机粘机这一极不方便清洗的难题。2000 年，九阳在全国推广其"卖产品，先卖观念"的企业文化，率先攻占企业文化理念创新上的战略位置，为智能化道路奠定了基础。2003 年，九阳抓住 KA/3C 这一新兴渠道的应用机遇，抢得渠道创新优势。2007 年，九阳引进战略投资者，并成立九阳股份有限公司，开始走上小家电上市融资，利用全球资本求自身智能化品牌创新发展之路。2011 年，九阳正式进军净水领域，拓展了产品品种种类，企业发展迎合国家新时期"绿色发展"理念。此后，九阳坚持进行智能化品牌创新，并开辟了一系列新领域，例如豆浆机国际标准获得通过；进军大厨电领域；"IH 时尚＋"系列产品上市；成为中国航天太空厨房合作品牌；等等。

二、发展战略

（一）强化自主创新，推动健康饮食技术革命

2015 年，九阳研制出智能化全自动酥油茶机，是九阳大规模定制开发的具有民族特色的艺术品，推动了传统工艺和工业文明的有序结合；九阳铁釜饭煲产品顺应消费者的传统认知，将纯铁健康烹饪和内胆有分量的结实耐用相结合；九阳面条机通过挑战吉尼斯纪录创造面食文化的国际新高度；九阳太空厨房项目作为空间站航天员生命保障系统的重要组成部分，为航天员空间站任务的顺利完成提供强力支持。2016 年，九阳继续推陈出新，开发并上市了一系列智能化厨房家电产品。例如，推出 Onecup 豆浆机，其外形时尚简单，且操作方式简洁，推动了时尚理念向客户生活的渗透；发布一批以油烟机为代表的九阳大厨电系列产品，其中，油烟机带有"鹰眼追踪"功能，充分体现出了九阳倡导的"会呼吸＋智能化"的品牌理念；获得世界主流净水技术"PNP 第五代创新技术"在中国的使用授权，从而九阳的净水产品通过

智能监控可保障用水安全。近年，九阳大力推动互联网与智能化转型，其在家电业取得的改革创新成绩获得了业内高度认可。

（二）次序革命，用户需求倒逼供给侧智能化改造

品质的提升与消费者的需求密切相关。九阳SCRM社交媒体整合平台实现了微信、微博等媒体平台的及时倾听与反馈，九阳的网络客服响应时间控制在了30分钟以内，其活跃用户粉丝量通过新媒体从原来的不足5万人提升至200多万人，这对快速获得市场信息具有重要意义。九阳借助各类新型且流行程度高的信息沟通与传播虚拟平台，不仅高效获取了大量粉丝，同时推动了反馈与服务响应时间的缩短，进而保证了潜在客户来源。高效率的智能数据分析系统不仅实现了上亿级的用户社交网络即时产品推荐，同时还有千万级的用户图片社交网络推荐和千万级的小家电产品定制生产，从而拓展了九阳的宣传驱动，提升了产品、品牌与企业面向外界进行宣传的效果。来自社交媒体的用户需求推动了九阳产品、工艺、管理和供应链的智能化改造，使九阳经营从注重企业内部功能的协调到注重企业间资源的协调，从面向产品的研发设计、制造转向面向消费者服务。

（三）赋能时代，通过场景体验直联用户，打造最懂中国厨房的国民级品牌

得用户者得天下。紧抓用户核心，通过线上互动营销、构建粉丝社群以及线下终端体验、打造导购线下社交群等方式，两条路径同时与用户产生联系，在变革中不断探索前行。九阳线上自建的APP"爱下厨"、通过微信公众号建立的粉丝圈、线下自建的体验式厨房剧场，都是企业和用户直联的通道，通过采集这些用户信息，进行大数据分析，提升根据用户需求定制开发产品的能力。线上领域主推新型互联网营销，同时重视电商渠道。线下领域进行体验式终端建设，主推O2O线上线下联动，完成近3000家联合体验终端的升级。通过开展全流程的消费者研究，听取消费者建议，从经营流量转向经营用户，通过了解、获取、接触、反馈等四个层面直联用户，进攻当下，有力推动新品成为市场热点，为用户创造价值，满足其需求并触发其潜在需求，超出预期，让用户充分感知到九阳是一个持续创新、有活力的品牌，是一个健康可依赖的品牌，是一个新型的智能家电首选品牌。

三、启示与借鉴

（一）创新先行，提升产品科技含量

技术创新是产品的核心竞争力，只有持续不断的技术及产品创新才能使品牌长青。家电制造需秉持工匠精神，保持同消费者之间的亲密互动，通过创造新供给不断满足消费者的升级需求；做到创新先行，通过创新驱动、流程再造、直联用户、开放共享等新手段整合智能数据分析与研发制造能力，推动产品科技含量提升。具体的保障措施方面，例如通过可观的研发投入夯实创新基础；借助灵活有效的激励机制激发创新活力；创新研发体制和矩阵项目组推动发展战略部署；借力专利保护促进研发快速迭代，形成企业创新良性循环；加强标准国际化突破助力创新发展。

（二）借力智能新生态，推动生活消费模式创新

全球范围内，智能化推动了企业快速发展。家电制造可以借助物联网技术和智能终端集成技术、用户 APP 开发与推广、智能产品互联互通研究活动，以及通过建设工业云计算平台、海量大数据分析系统、用户/设备管理系统与远程运维服务系统，实现产品的智能化控制和信息共享、消费与信息数据实时采集、远程可视化运维、个性化产品定制、健康顾问等一体化智能服务的使用。换言之，家电制造应借助智能化创新和发展提升竞争力，推动整个社会生活消费模式的创新，并通过创造新的客户来源，成就新的品牌价值。

（三）密切关注客户需求，综合运用多种新媒体资源

客户需求是产品生产的指南针，在大数据时代，家电制造业应利用好多种新媒体终端，从各个角度调取消费者有效信息，精准把控消费特点。具体的，家电制造可基于多种新媒体或媒介资源，通过全流程地开展消费者研究，听取消费者建议，获取消费者信息与需求，并以消费者为导向创新性地针对具体客户需求采用 C2B 等形式的产品开发流程，推动开发效率的提升；借助线上与线下终端的相互联合和承接体验，实现跨品类的营销模式复制与推广，有效促进新品类产品销量快速增长，进而助力战略转型的实现，以推动建设较具活跃度和拥有营销创新特性的品牌。

第二节 三元食品崛起之路

一、企业概况

北京三元食品股份有限公司的前身为1956年成立的北京市牛奶总站，当前已发展成为一家主营奶业，兼营快餐的中外合资股份制公司，下文将北京三元食品股份有限公司简称为"三元食品"。

1968年，北京市牛奶总站改名为北京市牛奶公司；1997年，北京三元食品有限公司成立；2001年，北京三元食品有限公司改制而成北京三元食品股份有限公司，2003年9月15日于上交所上市；2006年4月，经商务部批准，北京三元食品股份有限公司进行股权分置改革，2009年11月，通过非公开发行股票拥有88500万股总股本。2013年，三元食品挑起民族乳业振兴的重任，扛起推动国产婴幼儿乳粉业发展的大旗；2015年，三元食品启动收购北京艾莱发喜有限公司90%的股权项目，开始进军冰淇淋、巧克力等食品领域。

三元食品经过60年的发展，在乳品加工领域沉淀了丰富的经验。截至目前，三元食品每日鲜奶处理量达到1000多吨，建成液态奶、固态奶、发酵奶和科研培训中心等四个基地，接轨国际的同时，领先国内水平。三元食品拥有了超高温灭菌奶系列、屋型包装鲜奶系列、袋装鲜奶系列、酸奶系列、奶粉系列、乳饮料、干酪、冷食等一百多种具体产品，并注册拥有三元、燕山、雪凝、绿鸟等著名商标。目前阶段，三元食品已拥有5个公司事业部、2家全资子公司、10家控股子公司、1家参股子公司、1家联营企业、3家托管企业和2家合作企业。三元食品的销售网络覆盖了北京各城区和郊县区域，以及天津、太原、上海、福州、深圳等全国50多个省市。

二、发展战略

（一）厚德诚信铸就安全品质

安全的品质是食品业长久发展的动力。三元食品借助食品安全体系与质量管理体系等重点工具和手段，依托高水平的技术与高素质的管理人才，严格审查和监管从原辅料到产成品的各个环节，保证了乳制品的生产合格度、安全度与放心度。具体的，三元食品基于供应商管理的强化，同第三方认证公司联合成立三元公司供应商管理委员会，实现对进厂原辅料开展严格检查；通过制定具体程序和标准，加强监督与抽查生产过程中的产品，保障半成品与成品均能达标，实现食品安全；以国家级实验室认可（CNAl）为契机，加强内部管理，保证下一环节的安全基础。

（二）国际合作提升研发创新水平

国际合作是提升创新水平的新路径。在当前"海淘"与代购盛行的大背景下，三元食品开始寻求全方位、多领域、共赢性的国际研发合作，推动创新水平提升。2016 年，三元食品同爱尔兰农业及食品发展局、爱尔兰金乳业等机构签署研发合作协议，双方在婴幼儿奶粉、母婴健康、营养及功能性乳制品领域和食品科学等领域进行交流并开展联合研究。同时，推动双方在科技信息和相关科学数据方面的交换与共享，这为三元国际合作平台的构建开了先例。2017 年 8 月，三元食品获批建立"海外院士专家北京工作站"，从而通过引入国外专家联合创新，加大了三元国际化科研合作的力度。

（三）构建多元化营销策略

针对不同产品实施不同营销策略能有效实现精准营销。从营销动作来看，三元食品借助电视真人秀、美国职业棒球赛等平台开展了营销宣传活动，推动了营销策略的多元化建设。其中，通过冠名赞助电视真人秀节目，能帮助三元食品针对家庭、女性、青少年等消费群体进行精准营销，为中低端产品获取潜在消费者；而高端的体育赛事——美职棒则能赋予三元相关产品以品质、时尚和青春等特质，可助攻三元食品进军高端产品市场。经过高中低多层面的推进，三元食品的营销活动可以覆盖家庭主妇、青少年和高端官方伙伴等主力乳类产品消费群体。

三、启示与借鉴

（一）全面质量监管，保证产品品质基础

食品加工企业应坚持放管结合与并重，推动全面质量监管强化，以奠定

坚实的产品品质基础。具体的，坚持放管结合，强化全过程监管、审批监管承接、制度转换衔接、事中事后监管与改革创新，实现对监管对象的全覆盖；坚持严字当头，严格实施风险分析、监督抽查、检验检疫与突发事件应对，形成全链条监管体系；坚持协同联动，推进内外协同监管、上下协同监管、部门协同监管与区域协同监管，建立全方位监管机制；坚持群防群治，落实企业质量主体责任、质检监管责任、用户质量验收把关责任与检验认证机构质量连带责任，动员社会力量参与质量监督，构建全社会共治格局；坚持打牢基础，加大质量监管信息化建设力度，落实全要素监管。

（二）锐意进取，构筑开放合作创新机制

食品加工企业可通过开放合作创新，拓展发展道路。开放式合作创新要求创新合作各方基于共同利益、优势互补和资源共享，通过事先共同制定各方均能接受的合作协议（具体包括合作目标、合作期限与合作原则等内容），并根据合作协议在具体的创新合作过程中做到各方共同参与创新、共同投入创新、共担创新风险和共享创新成果。而在具体的开放合作创新方式选择方面，食品加工企业可按需选择企业与企业合作，企业与大学、科研院所合作，企业与政府合作，企业与金融机构合作，企业与国外企业或单位合作等方式。

（三）基于多元化思维，走精准营销道路

食品加工企业可针对不同产品，基于多元化思维，实现精准营销。食品加工企业实施精准营销的具体流程：多渠道收集用户数据（姓名、性别、年龄、住址等）、业务数据（消费偏好、消费行为等）及其他数据，为精准营销方式的选择奠定数据基础；整合汇聚数据，通过数据深入挖掘，分析客户特征，进而细分用户市场；针对细分的用户市场，匹配相应的产品或服务，实现产品、服务同用户需求之间的吻合；在合适的时间，以合适的价格通过一对一精准推送用户最需要的信息；对营销过程实施全程跟踪与监管，不断优化营销策略，完善营销精准程度。

第三节　消费升级时代，传统老字号北冰洋品牌升级的借鉴

一、企业概况

1936 年建立的北平制冰厂是北冰洋食品公司的前身。1949 年，北平制冰厂经过国有化之后，更名成为北京新建制冰厂。北京新建制冰厂于 1950 年改名为北京市食品厂，并对"北冰洋"商标与雪山白熊商标图案实施注册。北京市食品厂通过改制，于 1985 年成立北京市北冰洋食品公司，并迈入 1985—1988 年的辉煌阶段，辉煌阶段的北冰洋公司实现超一亿元的产值，且将利润提升至 1300 多万元。1994 年，北冰洋食品公司顺应招商引资大潮同外商进行合作，先后成立了 4 家中外合资企业，其中具体的北冰洋汽水生产业务被划分给合资企业百事—北冰洋饮料有限公司。合资后不久，新成立的 4 家合资企业中的 3 家均破产倒闭，仅北京百事可乐饮料有限公司在继续着"北冰洋"牌桶装纯净水的生产业务。

2007 年，中方开始同百事公司进行谈判，以期回收"北冰洋"品牌及业务。最后，中方同意百事公司提出的"4 年内不以北冰洋品牌生产任何碳酸饮料产品"的协定条件，北冰洋品牌和业务才得以回归中方；2010 年，一轻食品正式整合义利和北冰洋这两个旗下著名老品牌；2011 年，北冰洋汽水生产恢复，沉寂 15 年的北冰洋汽水重新上市。同年 11 月，北冰洋以橘子和橙子口味的汽水"低调复出"，虽然未进行太多的造势与宣传，复出的北冰洋汽水却成功创造了第一批 10 万箱的销售量业绩，随后又推出易拉罐装产品。北冰洋"重出江湖"后，"北冰洋热"迅速席卷京城。2013 年，北冰洋销售瓶装饮料约 200 万箱；2014 年夏季，北冰洋日均销售约 2 万箱，即每天约 48 万瓶的北冰洋被抢购而空。在北京地区，玻璃瓶装的北冰洋汽水销量已超同样包装的可口可乐和百事可乐；2016 年 8 月初，北京一轻食品集团公司在大兴总部召开"北冰洋"80 周年、义利 110 周年诞辰庆典仪式，并公布新的发展目标。

二、发展战略

当今"消费升级"时代，企业面临着如何满足人们日益增长的美好生活需要的问题。对于食品企业来说，只有把握消费动态，才能掌握市场先机，所以消费升级已成为市场发展的必然趋势。在此背景下，传统的老字号企业能否抓住消费升级背景下的发展新机遇，乘势而上，创新产品品类，拓展零售渠道，强化品牌营销，优化供应链管理，成为传统老字号企业提升发展的关键。在这方面，老字号北冰洋的品牌升级经验值得借鉴。

（一）品牌设计赋予现代元素

在稳定 60 后、70 后消费群体的基础上，为进一步争取 80 后、90 后消费群体，北冰洋特聘两名 80 后女设计师全权负责玻璃瓶包装的重新设计工作。两位设计师作为"主创"人员，围绕瓶子的形状、LOGO、材质等进行了全新的包装设计，通过融入新的文化元素，对北极熊图案进行了美化，新的中文商标被设计得宛如一款动漫的封面字体。同时，经典皇冠形金属盖同新包装玻璃瓶身的搭配，以及瓶身中下部配备的防滑垫与"如遇瓶口破损，请小心饮用"的盲文注释，为北冰洋汽水增加了"人文分"。此外，北冰洋汽水还推出了易拉罐式包装，不仅方便携带，而且更适合商超销售，利于北冰洋汽水今后的发展。

（二）健康元素赋予产品差异化

北冰洋定位为国内唯一一款果汁型汽水饮料，是通过将橘子酱稀释，并加入砂糖成分调配而成的，不含化学添加剂，因此成本高于其他饮料。相比较同类产品而言，北冰洋汽水具有糖分低、无化学添加剂且富含维生素 C、胡萝卜素的自身优势，对于追求健康的消费群体具有极大的吸引力，因而同传统的碳酸饮料之间能有效实现差异化定价与差异化竞争。

（三）老字号加入新零售

北冰洋汽水通过便利店、餐饮店、商超、天猫超市等线下线上结合的方式将产品拓展到北京、天津、川渝以及香港等市场，将来随着"天猫出海"项目计划开拓到东南亚、澳大利亚乃至欧美、加拿大市场，通过天猫"一店卖全球"，将真正实现将"北冰洋"卖到北冰洋。

（四）新营销唤醒老情怀

借助整合营销传播策略，北冰洋汽水将"老"情怀、"怀旧"情怀等植入各类广告，例如"你喝的只是汽水，我喝的是北冰洋"的广告语，让大打"情怀牌"的北冰洋成功跻身汽水界的网红，无论口味还是营销手段都深受消费者认可。

三、启示与借鉴

（一）创新差异化的品类，满足健康消费需求多元化

传统的老字号企业应当积极重视新产品的研发，推出适合大众消费的多元化产品，并积极开发面向中高端市场的高品质健康营养型产品，满足消费升级带来的市场需求。同时，为迎合消费者差异化、个性化、精细化的需求倾向，企业应不断细分消费群体，通过抓取和分析特定人群（如母婴、儿童、学生、老年人等）的大数据信息，洞察特定人群的消费需求，推进产品在外观、口味、营养健康等方面的研发设计、生产制造和供应链管理等环节的柔性化改造，提供更具针对性的差异化产品与服务。

（二）打造商业新模式，做深做实新零售

线上线下渠道相互融合、取长补短已成为传统老字号企业创新商业模式的发展趋势。传统老字号企业应以消费者为中心，不断加强与连锁店、便利店、餐饮店的合作，打通便民服务渠道。加快新一代信息技术的应用，支持企业建设B2B、B2C、C2B、O2O等模式的电子商务平台，或与大型第三方电商平台企业开展合作，发展互联网定制、网上超市等新业态，实现"线上线下联动"，建立全网全渠道全场景融合的商业新模式，为消费者提供优质的产品、便捷的服务和极致的体验。

（三）通过品牌"焕新"，提升品牌和文化的影响力和传播力

品牌宣传和品牌营销是国内大部分传统老字号企业的短板，鼓励和支持企业联合具有较强影响力的品牌设计创意中心和广告服务机构，开展品牌宣传和推广。网红一体化的整合营销模式对于消费升级类老字号企业来说，是

一种新的思路和打造方法。传统的消费升级类企业完全可以借助网红的"自策划自渠道自传播"能力提升传播效率，改变原有营销路径。

第四节　康美药业发展新模式

一、企业概况

康美药业股份有限公司（以下简称"康美药业"）成立于 1997 年，并于 2001 年在上交所上市，是国内率先通过互联网进行中医药全产业链布局，全面打造"大健康＋大平台＋大数据＋大服务"体系的精准服务型"智慧＋"大健康产业大型上市中医药企业和国家高新技术企业。当前，康美药业已成长为全球 2000 强企业、中国 500 强企业与广东纳税百强企业，被选取为上海证券交易所"50 成分指数股"构成企业，成为国内首家突破千亿市值的医药企业。

康美药业一直专注中医药事业发展，且率先做出了多个国家或行业标准。例如，中药饮片标准、生产管理 GMP 标准、小包装标准、色标管理标准、炮制标准等等。此外，康美药业承担了包括 400 多项中医药编码的国家标准的编制工作，助力统一的中药、中药方剂、中药供应链编码体系的实施和推进；成为国家信息化医疗服务平台试点单位，承担药典会动物药中药饮片炮制规范项目，获批国家民营网络医院资质，参与"互联网＋中药"药事服务标准化研究。

康美药业成立 20 年以来，总资产增长 368 倍，从 1997 年的 1.77 亿元增长到 2017 年的 653.37 亿元；销售收入增长 263 倍，从 1997 年的 0.82 亿元增长到 2016 年的 216.42 亿元；上缴税收增长 373 倍，从 1999 年的 0.04 亿元提升到 2016 年的 14.94 亿元，20 年累计纳税总额超过 77 亿元；利润增长 256 倍，从 1998 年的 0.13 亿元上升到 2016 年的 33.37 亿元；上市市值增长 118 倍，从 2001 年的 8.9 亿元到 2015 年成为首个突破千亿市值的医药上市公司，再提升到 2017 年的 1062 亿元。

二、发展战略

(一) 打造可复制的"健康小镇"模式

2017 年 4 月 13 日，康美药业董事长马兴田表示将在全国范围内打造健康医养闭环业态——健康小镇发展模式。康美药业的健康小镇新发展模式以药品研发及制造加工为基础，逐步面向医疗和养生等服务产业环节进行扩展，集医药产品开发、制造、消费于一体，通过"自产自销"的方式能实现全产业链发展和医养闭环，提升药品研发制造基础环节的产业与产品价值。

(二) 构建"智慧 +"大健康平台

康美药业打造了由网络医院、智慧药房、智慧养老、健康智库、健康管理、第三方支付和健康保险、社区健康、智慧养生等构成的"智慧 +"大健康新平台。2017—2018 年，康美药业在深圳、云浮、昆明、丽江、黄山和通辽等多地布局了"智慧 +"大健康平台，借助向"智慧 +"大健康平台的发展转型，2017 年康美药业实现了千亿市值。

(三) 坚持开拓研发创新之路

康美药业通过积极探索中医药的传承与发展，走上了自主研发与合作研发的创新发展之路。截至目前，康美药业在广州和北京分设了康美药物研究院，基于研究院开展了众多研究活动并取得了大量研究成果。康美药业已开展近百个中药国际化课题和重大国家与省部级中药标准化项目，主持或参与制定数十项国家标准和行业标准；研究成果获评 7 项省级及以上科技奖励。

(四) 开创公立医院改革"康美模式"

康美药业积极参与公立医院改革事业，开创了新的事业发展路径。2013 年 7 月，康美药业向粤东最大的民营三甲医院投入 10 亿元，以推动医院重新建设工作。自此，康美药业迈出了参与公立医院改革事业的步伐。如今，康美药业以社会资本的身份，借助收购、托管、股份制改造等多种形式，通过创新运行机制与管理制度参与公立医院改革的脚步已从广东迈到了全国多地，并形成了可供复制推广的公立医院改革"康美模式"。康美药业通过参加医改，整合地方政府资源为其主业"药品研发制造"提供了新的切入点。

三、启示与借鉴

（一）大力发展"互联网+"中医药产业

中医药产业基于"互联网+"，可推动自身快速发展。具体的，中医药可借助"互联网+"发展人工智能辅助诊断、生物特征识别和互联网延伸医嘱等中医医疗服务产业，以及集中药饮片、配方颗粒、中药煎煮、膏方制作、药品配送、用药咨询于一体的"智慧药房"等药事服务产业；中医药借助"互联网+"，通过融合新型养生保健理念，可推动发展中医药养生保健、健康管理、特色康复与健康养老等新型服务性产业；中医药可借助"互联网+"，并基于患者就诊、中药材生产与贸易、药物开发等不同环节的巨大数据共享，加快中医药大数据产业链发展，推动产业升值。

（二）重视医疗信息化平台建设

推进医疗事业的发展，需自下而上地推动包括医疗管理、临床管理、公共卫生、医保、药品流通等平台在内的医疗信息化平台建设。具体的，建设具有人口全覆盖、生命全过程、中西医并重的全面性和系统性特征的医疗信息化平台；建设拥有向不同类型客户提供在线服务、数据存储、硬件租借与计算分析等各色服务的能力的医疗信息化平台；建设的医疗信息化平台须突出便民利民特性，能方便用户通过移动终端享受预约挂号、网上导医、实时叫号、在线支付、报告查询、健康教育、用药提醒、出院随访等服务。

（三）加快融入医院与医疗改革

医药分开、社会资本进入公立医院是当前我国医疗改革的主要趋势之一，医药企业可利用医改机遇加快融入我国医院与医疗改革进程。具体的，医药企业应灵活借助收购、托管与股份制改革等不同形式参与医院和医疗改革，实现医药产品研制环节同医疗服务环节的联结，推动产业链延伸；应运用贯穿全生命周期的健康管理与疾病管理，协同联动医院等医疗机构发展健康服务产业，扩大产业链价值；应联合医院等医疗机构的研究部门，加强人才培养、研究合作与技术协作，通过无缝对接的联合创新实现长效发展。

第五节　恒瑞医药的创新驱动发展之路

一、企业概况

恒瑞医药股份有限公司（以下简称"恒瑞医药"）是一家从事医药创新与高品质药品研发、生产及推广的医药健康企业。恒瑞医药创建于1970年，并于2000年在上海证券交易所成功上市。截至2016年底，恒瑞医药市值超过千亿元，在全球拥有12000多名员工。恒瑞医药是我国领先的医药研发和生产企业，通过多年的创新发展和努力，恒瑞医药在手术用药、抗肿瘤药、心血管药、造影剂、抗感染药等药物研制领域形成了极具竞争力的品牌优势。公司下有连云港天宇投资有限公司、美国HENGRUI（USA）LTD、连云港新晨医药有限公司、上海恒瑞医药有限公司、江苏恒瑞医药销售有限公司、江苏豪森药业股份有限公司以及连云港华晨医药有限公司等7家子公司。恒瑞医药是国内首批通过国家新版GMP认证的制药企业之一，同时也是注射剂在欧美获准上市销售的首家制药企业。恒瑞医药的抗肿瘤药销售份额在国内市场上占据第一位，且其生产的手术用药、内分泌药物和消化道用药所占市场份额也位居国内行业前列。

恒瑞医药一直秉承"科研为本，创造健康生活"的企业文化和理念，坚持通过创新推动企业核心竞争力的铸就与提升。恒瑞医药每年将10%左右的销售额作为研发资金投入，通过逐年累加已在美国、欧洲、日本等国家和地区建起了研发中心或分支机构。基于现有的研发投入和研发机构，截至2017年7月，恒瑞医药先后提出了400余项国内发明专利申请和100余项PCT申请，其中获批国内发明专利授权90件，PCT授权130件。

二、发展战略

（一）抢抓创新药研发

人类对健康长寿的追求向医药事业提出了新的要求，要求医药主体开发出有效的创新药以应对新疾病的出现和人类的健康长寿追求。恒瑞医药抓住了这一新时期的新契机，以专利药为导向，建立了一套独立、完整的新药研发系统；以国际知名企业为对标对象，真正做到接轨国际，推动企业自身"造血"功能的完善，将自主知识产权产品销售额占总销售额的比例提升至50%以上。在研发创新方面，恒瑞医药主打手术用药、心脑血管药、抗肿瘤药、消化道用药、内分泌药，以及常见病症治疗用药和多发病治疗药物的研制，通过以这些药物的研发为创新方向，真正做到对接市场需求。

（二）实施国际化战略

在国内新药研发能力有限的背景下，面对国内市场对新药的迫切需求，医药企业与行业加强同发达国家或地区的合作，走国际化创新发展之路势在必行。为此，恒瑞医药采取了"三手抓"创新发展的国际化战略：第一，在不同领域的新药研发方面，加强同美国、瑞典等优势国家的制药公司的合作；第二，在美国成立专门的分公司，承担创新药前期研究、信息收集与人才招揽等具体工作；第三，出于专利保护目的，将新药研发过程中形成的重要技术，在主要国家同时申请专利保护，并优选疗效好、毒副作用低的创新药，通过转让或合作的形式在国外进行临床试验。

（三）健全研发创新体系

通过技术中心＋研究院所相结合的模式，建立了一套高效的研发创新体系。通过北京、上海、连云港三个科研中心之间的相互协作与协同研发创新，大大提高了企业的创新能力和品牌知名度。其中，北京医学部主要负责新药临床实验与相关申报工作。上海新药研发中心主要承担药品研发领域最新前沿科技的跟踪业务，并负责创新药物研究等上游工作的开展。连云港科研中心重点负责创新药的药理毒理评价、中试样品提供、质量标准制定等具体下游研究事项。此外，恒瑞医药在主要生产工厂均设立研究所，进行产品的二次开发、更新换代、工艺难题的攻关和部分新产品的后期开发工作。

（四）丰富技术创新途径

一是市场拉引的途径。恒瑞医药根据市场的需求变化开展技术创新，既能充分调动从集团到子公司、生产车间等各部门、各层次的参与积极性和投入研发积极性，也能有效推动技术创新同生产制造、市场营销等环节脱节问题的解决；二是独立型技术创新和内外联合技术创新相结合的途径。在产品创新方面，恒瑞医药以合作型和贸易型技术创新模式为主，并以独立自主型技术创新为辅，而在工艺创新方面则正好相反；三是仿创结合型技术创新途径。恒瑞医药通过选择、改进与提高全球领先型企业的新技术和新产品，并在降低制造成本和拓展市场方面精耕细作，以更好地规避风险。

三、启示与借鉴

（一）加强技术创新，推进各类新药开发

利用技术创新优势，恒瑞医药与国际医药巨头合作，积极拓展美国、欧洲、印度、南美等市场。国内其他企业应该借鉴这种方式，通过与国际领先药企共同研发，弥补创新短板，提升自身创新优势，实现利用新药抢占市场。需要注意的是，在与国际领先药企共同研发的同时，需考虑与企业现有技术是否能够达到有效互补，从而形成合力。

（二）以资本为手段，提升企业竞争力

通过大规模资本运作，恒瑞医药并购诸多药企，推动企业做大做强。国内大型制药企业应借鉴这种资本手段，通过资本投资或者并购的方式来进入下游产品领域或者完善上游原料加工，实现全产业链布局。此外，依托资本平台，将成熟的下属企业剥离，提高旗下企业的自我造血能力，使其发展成为能够自我完善和发展的独立运营体。

（三）加快国际合作，开阔国际化视野

在国际合作方面，我国制药企业同跨国公司之间的合作程度和水平还较低，多限于在生产和销售环节的合作，对于高附加值的研发环节的合作还屈指可数，先进经验和信息的交流分享效果尚不尽如人意。因此，需要进一步开阔国际化视野，积极主动参与国际化竞争，鼓励有实力的企业进一步加快"走出去"步伐，充分利用自身在国内发展的优势，挖掘并提升同国外先进制药企业的合作砝码。

第六节　华孚时尚以速度求发展

一、企业概况

华孚时尚股份有限公司（原华孚色纺公司）是中国色纺行业首家 A 股上市公司，同时也是全球色纺行业的领导品牌和全球最大的色纺纱供应商与制造商。华孚时尚的主营业务为中高档色纺纱线，配套提供半精纺、涡流纺、气流纺等色纺纱线和高档新型的坯纱线、染色纱线，同时亦兼营流行趋势提供、原料与产品认证、技术咨询等同主业相关度较高的增值性服务。

华孚时尚通过在色彩、材质、工艺技术等方面的集成创新，为客户提供日臻完善的产品与服务。当前，"华孚牌"已发展成为色纺行业的国际品牌，市场占有率处于全球前列，华孚时尚主营的纱线产品已远销海外，成为欧美、日韩、港澳、东南亚等数十个国家和地区的名牌服饰的首选纱线。华孚时尚布局了浙江、长江、黄淮、新疆和越南等国内外五大生产板块，拥有产能150万锭，其规模优势日益突显。同时，华孚时尚国内外一大批供应商联合结成了竞合共赢的紧密伙伴关系，推动合作事业发展。目前，华孚时尚已成为中国棉花协会、中国纺织工业联合会等机构的主席单位或副主席单位，且华孚时尚多次获得"纺织行业质量奖"、中国驰名商标等多项奖励和荣誉。此外，华孚时尚也是国内第一家获得国际纺织品色彩大奖的企业，并多次获得同研发创新相关的荣誉。

华孚时尚长期秉持"贴近生命，美化生活"的历史使命，以"色彩引领者""技术创新者"等身份和目标为先导，致力于将自身打造成色纺时尚策源地。当前，华孚时尚描绘出了新的发展蓝图——将继续坚持纱线主业，通过以纱线贯穿纺织服装产业，并基于产业互联网与柔性供应链实现产业转型，致力于成为全球纺织服装产业时尚运营商。

二、发展战略

（一）订单统筹，精益管理

华孚时尚借助供应链协同管理，统筹市场与订单信息，通过制定"点（产地）对点（客户）"的供应链计划，提升服务质量与效率，提高供应链精益化水平。华孚时尚基于订单统筹系统确切地把握了市场与客户的真实需求，通过识别订单履行的条件和订单需求变化风险保证订单最终得到顺利满足。华孚时尚制定"点对点"的供应链计划，统筹安排物料供应、制造生产与物流运送等流程，通过精益管理聚焦供需匹配，合理排配订单优先级，确保合理利用资源，提升了客户满意度，控制了供应成本。

（二）规模优势，分类生产

对于纺织行业，可持续的产能是保障企业顺利运行和快速实现市场需求满足的重要条件，因此需要上规模的原材料供应与生产能力做基础。华孚时尚整合棉田、棉花加工、纤维染色和纺纱产业链，基于自身主营业务形成浙江、长江、黄淮、新疆、越南等五大生产板块，共150余万锭产能，并进一步分设30个车间开展专业化生产，以推动产品交期提速。可见，华孚时尚通过整合华东、华北、西北与国外的生产优势，实现了从原材料到粗加工再到深加工的上规模分类生产，保证了持续的产能和市场供应能力。

（三）信息统筹，提速交期

通过统筹信息管理可推动交期提速。瞬息万变的新市场环境下，顺畅的企业内部和外部信息沟通机制是实现快速应对市场变化并做出反应的前提。华孚时尚通过引入 CRM \ SAP ERP \ PDM \ ATP 等一系列信息系统与管理技术，实现了信息资源的共享与协同，通过专业的信息系统支持了大规模定制和快速市场反应。这些信息系统通过提供标准接口，可以实现华孚时尚与上下游合作伙伴之间信息的无缝对接，保证业务和工作的有效运转。

（四）贴近客户，快速服务

自2017年更名以后，华孚时尚开始基于已有的纺织与色纺基础业务，走注重个性化定制和需求满足的时尚路线，为此华孚时尚做到了以客户需求为导向，深化改革，优化制度体系建设，完善成本控制模式，提高企业运营效率，加快市场反应速度，提升企业核心竞争力。其中，"以客户需求为导向"是华孚时尚新路线发展的基础。对此，华孚时尚基于遍布全球的市场和销售机构，制定了持续改善打样、报价、询期、交期、跟单、配送、客诉、改进8个及时准确率，通过贴近客户开展快速服务，持续提升客户服务水平。

三、启示与借鉴

（一）把握市场需求和变化，快速进行决策

色纺行业瞬息万变的市场形势要求企业具备快速决策与及时应对的能力。因此，色纺企业应以速度制胜，提升自身持续、快速、稳定的生产交货能力。具体做到，加强开发、打样，以及服务市场的经营意识与能力，以有效应对市场要求的快速交货与补单，以及快速追加订单的终端需求；通过企业调整，完善管理制度，简化中间流程，提升并保持生产能力的稳定性，保证快速决策和应对市场的能力基础。

（二）实施精准订单管理，保驾个性化定制

精准订单管理是个性化定制的基础保障，个性化定制是精准订单管理的实现路径。具体的，色纺企业需洞察市场，了解客户的产品、产品创意与多样化等方面的偏好，进而满足客户需求。一方面，色纺企业应不断深入研究不同款式面料的手感、垂坠感、耐磨性、舒适度等特性，以开发出真正同客户需求相得益彰的色纺面料，保障精准订单管理和个性化定制的实现基础；另一方面，色纺企业应做到以需求为导向，着力创新研发，提升产品附加值（比如加入时尚或流行元素等），推动精准订单管理和个性化定制的实现。

（三）畅通信息渠道，推动协同生产与制造

通畅的信息渠道，于色纺企业至关重要。色纺企业可通过打造通畅的信息渠道，统筹不同产业链环节运转，并基于协同生产和协同制造提升产业链整体与共赢价值。色纺企业作为纺织印染产业链的前端，应承上启下同产业

链上下各环节接轨，借助各类信息传播与沟通技术积极推动数字化生产工艺变革，逐步向高品质、高效率、高动态、实时化与个性化生产工艺发展，承接产业链上端的同时，协助产业链下端企业拓展市场空间，通过产业链各环节的协同生产和协同制造快速实现产品价值。

政 策 篇

第十一章　2017年中国消费品工业重点政策解析

第一节　《"十三五"国家食品安全规划》

一、政策内容

2017年2月，国务院出台《"十三五"国家食品安全规划》（以下简称《规划》），《规划》针对我国源头污染问题突出、食品产业基础薄弱、食品安全标准与发达国家和国际食品法典标准尚有差距以及监管能力尚难适应需要等问题，基于预防为主、风险管理、全程控制、社会共治四项原则，提出全面建立严密高效、社会共治的食品安全治理体系的11项主要任务，包括全面落实企业主体责任、加快食品安全标准与国际接轨、完善法律法规制度、严格源头治理、严格过程监管、强化抽样检验、严厉处罚违法违规行为、提升技术支撑能力、加快建立职业化检查员队伍、加快形成社会共治格局以及深入开展"双安双创"行动。力争到2020年，实现食品安全抽检覆盖全部食品类别、品种，农业源头污染得到有效治理，食品安全现场检查全面加强，食品安全标准更加完善，食品安全监管和技术支撑能力得到明显提升等五大目标。

二、政策影响

"十三五"食品安全规划从确保人民群众"舌尖上的安全"的角度出发，明确了"十三五"期间提高食品质量的努力方向，将促进食品产业发展，利好于市场中的企业、消费者。

第一，落实企业主体责任，形成食品安全社会共治格局，将有利于提高我国食品安全水平。《规划》强调严格落实食品生产经营者的法定责任和义务，保证生产全过程整洁卫生、符合标准规范，生产信息可溯源；要求食品安全监管、稽查、检查队伍重点治理食品安全突出隐患及行业共性问题，严厉处罚违法违规行为；鼓励监管部门、社会媒体、行业协会、消费者与公众共同参与食品安全治理，形成社会共治格局。这将有利于推动企业主动担负起主要责任，主管部门加大管理力度，行业协会强化引导意识，多主体共同参与食品安全治理，以此整合市场资源，调动多方积极性，凝聚"法治"与"德治"的合力，形成食品安全良性市场，提高我国食品安全水平。

第二，严格生产产前、产中、产后全过程食品安全质量监管，将有利于保证食品安全，促进食品产业升级转型。《规划》中提出要严格源头治理，严格过程监管，强化抽样检验。深入开展农药兽药残留、重金属污染综合治理，农业标准化推广，实现食品源头治理，这将提高食品加工生产产前质量安全，从源头上保障食品质量；加强对食品生产经营许可、生产经营环节现场、特殊食品、互联网食品、网络订餐以及进出口食品的监管，这将实现食品生产产中环节全方位质量检验监督；建立起覆盖所有食品类别、品种的食品安全抽样检验体系，有利于在产后及时发现与处理市场销售产品的质量问题，让消费者及时了解食品安全的真实情况。覆盖产前、产中、产后生产全过程的质量监督体系建立起了多道保障食品质量安全的关卡，可以预见，这将推动我国食品质量安全的不断提高，促进食品产业向中高端转型升级。

第三，建全食品安全标准体系，完善法律法规制度，有利于推动企业以更高标准开展生产，提高产业竞争力。目前我国的食品安全标准体系、法律法规与国际上发达国家相比仍有差距，《规划》要求建立最严谨的食品安全标准体系，提高食品安全国家标准，加快食品安全标准与国际接轨，并建全以食品安全法为核心的食品安全法律法规体系。企业生产有规可循，将有利于企业提高自身生产要求，规范生产行为，以更高标准开展食品生产，并提高我国食品产业的竞争力，加快国内食品市场与国际市场的对接。

第四，提升风险监测、风险评估、食品安全监管等技术支撑能力，将有利于及时发现食品安全隐患，提高行业与企业的风险应对水平。我国食品安全风险检测和风险评估技术研究起步较晚，与发达国家相比仍存在一定差距。《规划》中提出要提升食品安全风险检验检测、风险评估能力，扩大食品监测覆盖范围，健全风险交流制度，推进食品安全监管大数据资源共享和应用，提高食品安全智慧监管能力。这将有利于提高食品安全监管工作效率与工作质量，及时发现食品安全隐患；也有利于监管部门改变食品安全监管模式，由之前的被动应对危机转变为主动防范，及时向食品行业和企业发出食品安全风险预警。

第二节　《"十三五"国家药品安全规划》

一、政策内容

2017年2月，国务院出台《"十三五"国家药品安全规划》（以下简称《规划》），《规划》针对我国药品质量总体水平有待提高、执业药师用药服务作用发挥不到位、不合理用药问题突出、药品监管基础仍较薄弱等问题，设定"十三五"期间国家药品安全的七大发展目标、五项基本任务和四项保障措施。发展目标包括进一步提高药品质量、不断提升药品医疗器械标准、逐步完善审评审批体系、进一步提升检查能力、进一步提高监测评价水平、增强检验检测和监管执法能力以及显著提高执业药师服务水平。五项主要任务包括加快推进仿制药质量和疗效一致性评价、深化药品医疗器械审评审批制度改革、健全法规标准体系、加强全过程监管以及全面加强能力建设。保障措施包括加强政策保障、合理保障经费、深化国际合作和加强组织领导。

二、政策影响

《规划》明确了"十三五"期间提高药品质量安全水平的努力方向，将促进药品产业发展，利好于市场中的企业、消费者。

第一，加快推进仿制药质量和疗效一致性评价，有利于提高我国仿制药质量。《规划》中针对仿制药质量和疗效的一致性评价工作进行了详细部署，并对仿制药在医保支付、临床应用、药品集中采购、企业技术改造等方面的支持政策进一步细化落实。这将有利于提高企业开展仿制药一致性评价工作的积极性，切实提升我国仿制药品质量和疗效。

第二，鼓励研发创新，有利于促进药品医疗器械产业创新发展。《规划》指出要以解决临床问题为导向，鼓励具有临床价值的新药和临床急需仿制药研发上市，鼓励临床机构和医生参与创新药和医疗器械研发；并建立健全药品数据保护制度，保护研发创新成果。这一方面有利于研究人员与相关机构参与新药的研发之中，充实药品研发技术力量，提高技术水平，以此促进药品创新发展，增加市场上药品供给品类；另一方面，有利于加快新药上市速度，及时响应患者需求，缓解市场上罕见病、小品种药物短缺问题。

第三，健全法规标准体系，有利于提高我国药品医疗器械产业的国际竞争力。我国药物产品目前与国际先进水平仍有一定差距，《规划》中提出对照国际先进水平编制、修订、提升我国药品医疗器械的技术标准、技术指导原则。这对我国医药企业提出更高、更系统规范的生产要求，可以预见，新标准法规的出台，将有助于提高我国药品医疗器械的整体质量与疗效水平。与国际接轨的生产标准，也必将提高我国药品医疗器械产业的国际竞争力，扩大国产药品医疗器械的出口。

第四，加强全过程监管，有利于提升药品医疗器械质量。《规划》要求严格规范研制生产经营使用行为，形成从药物从研制、生产、流通到使用的生命全周期监管制度，严肃查处药品生产偷工减料、掺杂使假等违法违规行为。这一套被称为最严厉的处罚、最严肃的问责制度，有利于从源头全面提高药品的安全性和有效性，严格规范医药企业的生产行为，推动医药企业强化质量安全控制意识，全方位保障药品医疗器械的质量安全。

第五，深化审评审批制度改革，有利于优化药品医疗器械审查的制度环境。《规划》中一方面要求提高药品医疗器械审评审批工作效率，如优先审评审批临床急需药品医疗器械、加快临床试验审批、公开审评审批信息等；另一方面，要求建立健全审评质量控制体系和审评机制，提高审批标准，严格审评审批要求。这有利于在保证药品医疗器械产品质量的基础上，加快新药品医疗器械的上市速度，降低产品上市成本，为药品医疗器械的研发与生产提供良好的制度环境。

第三节　《2017年消费品工业"三品"专项行动计划》

一、政策内容

2017年3月，工业和信息化部出台《2017年消费品工业"三品"专项行动计划》（以下简称《行动计划》），为进一步落实《国务院办公厅关于开展消费品工业"三品"专项行动营造良好市场环境的若干意见》（国办发〔2016〕40号），解决我国消费品工业核心竞争力和创新能力仍然较弱，品种、品质、品牌与国际先进水平相比尚有较大差距，有效供给能力和水平难以适应消费升级需要的问题。《行动计划》对消费品工业司、科技司、办公厅，相关行业协会，地方工业和信息化主管部门提出"三品"专项行动的具体工作部署。在"增品种"方面，提出了五项行动计划；"提品质"方面提出了四项行动计划；"创品牌"方面提出了四项行动计划；"优环境"方面提出了四项行动计划。

二、政策影响

《行动计划》中对"三品"行动进行了具体部署，内容详细，可行性强，可操作性高。自公布以来就受到广泛关注，势必将对消费品供给能力和水平的提高起到重要作用，并对消费品市场的发展产生积极影响。

第一，继续推进"增品种"有利于提高行业创新能力，增加消费品供给品种。《行动计划》中对轻工业、服装制造、医药以及智能可穿戴设备等多个行业的产品研发与应用工作进行了具体部署。鼓励企业与行业增加研发投入，提高产品的创意设计水平，不断推出能够满足了民众日渐丰富的需求的新产品，有利于提高行业创新能力，激发社会创新活力，增加消费品供给品种，解决当前消费品市场上中高端供给不足的结构性问题。

第二，继续推进"提品质"有利于提升产品品质，促进消费品产业向中高端转型升级。针对我国目前消费品产品品质、附加值、标准化程度相对较低问题，《行动计划》提出加快制定轻工、纺织等传统消费品的行业与企业标准，建立食品企业质量安全检测技术示范中心，增加婴幼儿配方乳粉企业开展质量安全追溯体系建设试点，这将有利于从生产源头开始保障产品质量，提高产品生产标准，规范企业生产、服务等行为，促使企业加强管理、提升能力，提升产品与服务的品质。《行动计划》还提出提高家电、缝制机械、家用照明电器、光伏电池等产品智能化水平，在服装、制鞋、家具、五金制品等行业推行个性化定制模式，在造纸、印染等行业推进绿色制造，这将有利于消费品工业提高供给质量和效率，引导整个行业向正规化、高端化、可持续方向发展，促进消费品产业向中高端转型升级。

第三，继续推进"创品牌"有利于企业加大品牌建设力度，提高企业与行业的综合竞争力。目前，一方面，我国民众对品牌产品需求旺盛，相当一部分消费需求向国外品牌流出；另一方面，部分行业存在产能过剩。针对品牌产品供需结构矛盾的问题，《行动计划》提出支持钟表、制鞋、五金制品、香料香精化妆品、服装家纺等行业自主品牌建设，支持品牌专业人才培训，支持行业和地方办好消费品重大品牌活动和品牌价值评估。这将有利于推动企业加强品牌建设，促进企业不断加快改革创新的步伐、优化产品供给，提升企业知名度、产品认可度和消费者忠诚度，形成品牌溢价，从而提高我国消费品企业与产业竞争力。《行动计划》还提出开展消费品行业品牌调查，编制、发布2017年家用电器行业和纺织行业的品牌发展报告，组织有关协会研究制定品牌评价指标体系、品牌培育行业标准。这将有利于建立品牌评价秩序，规范我国消费企业品牌建设行为，引领行业和企业培育一批具有国际竞争力的知名品牌，塑造中国产品与服务的高端形象。

第四，继续推进"优环境"有利于改善营商环境，增强产业发展动力。《行动计划》中对完善"三品"工作的扶持政策、开展消费品工业"三品"战略示范试点、加快标准体系建设、加强自主品牌宣传和展示等工作进行了细致的部署。这既有利于优化消费品工业行业发展环境，释放企业的主动性和创新力，还有利于提升中国产品品牌形象，提振消费者对"中国制造"的信心，从而不断扩大中高端消费市场，推动产业转型升级。

第四节 《中华人民共和国中医药法》

一、政策内容

2016 年 12 月 25 日，中华人民共和国第十二届全国人民代表大会常务委员会第二十五次会议通过了《中华人民共和国中医药法》（简称《中医药法》），2017 年 7 月 1 日，《中医药法》开始实施。该法共 9 章 63 条，是我国第一部关于中医药的国家法律。该法针对中医药发展面临的中医药服务能力不足，现行医师管理、药品管理制度不能完全适应中医药特点和发展需要，医疗机构中药制剂品种萎缩明显，中药材种植养殖不规范，中医药人才培养途径比较单一，中医药理论和技术方法的传承、发扬困难等问题，第一次从法律层面明确了中医药的重要地位、发展方针和扶持措施，为中医药事业发展提供了法律保障。

《中医药法》系统规范了中医药服务、中医药人才培养、中医药科学研究和中医药传承与文化传播等内容。从法律内容来看，有五个方面的核心要点。一是明确了中医药的定义，首次以法律明确了"中医药是包括汉族和少数民族医药在内的各民族医药的统称"这一定义，具有促进民族团结、各民族医药交流，引领世界的重要意义；二是建立符合中医药特点的管理制度，针对中医药自身的特点，健全了中医药管理机构和责任，改革完善了中医医师、诊所和中药等管理制度；三是加大了对中医药事业的扶持力度，针对中医药服务能力仍然薄弱的问题，明确县级人民政府应当将中医药事业纳入国民经济和社会发展规划，将中药纳入医保，支持社会力量投资中医药，发展中医药教育，加强中医药人才培养；四是加强对中医医疗服务和中药生产经营的监管，针对中医药行业中存在的服务不规范、虚假宣传、中药材质量下滑等问题，《中医药法》坚持扶持与规范并重，明确中医服务、中药材种植养殖以及质量检测的规范与标准，进一步规范中医药从业行为；五是加大对中医药违法行为的处罚力度，针对中医诊所和中医医师非法执业、医疗机构违法炮制中药饮片、违法配制中药制剂、违法发布中医医疗广告等违法行为，规定明确的法律责任，加大对中医药违法行为的处罚力度，严格管理农药、肥料的使用，禁止使用剧毒、高毒、长毒的农药。

二、政策影响

第一，中药大品种"二次开发"将引领中药"现代化"。《中医药法》"鼓励运用现代科学技术研究开发传统中成药"，这也意味着利用询证医学、临床流行病学等现代化手段对现有中成药进行研究，将受到法律条文的保障。目前中药中270多个过亿的大品种销售总额已经占据了中药市场50%，积极推动中药大品种的二次开发工作也就成为当前中药科技创新的重点。近几年来，国家非常重视中药大品种的二次开发，在国家科技攻关计划、科技支持计划、"973"计划、重大新药专项等课题的资助下，比如天津天士力公司的"复方丹参滴丸"，在"复方丹参片"的基础上进行二次开发后上市，2016年该产品单品营收为39.4亿元。保济丸、护心灵等也都是通过二次开发获得了成功。

第二，中药国际认证、标准制定及传播将推动中药"国际化"。《中医药法》中"国家推动建立中医药国际标准体系"和"支持中医药对外交流与合作，促进中医药的国际传播和应用"将进一步推动中医药走向世界。中药国际认证方面，2017年8月，天士力复方丹参滴丸完成美国FDA III期临床试验，正在补充验证性试验。此外，扶正化瘀片、血脂康胶囊、康莱特注射剂均已完成了美国FDA II期临床评价，正在开展 III 期临床研究，国家法律和政策的鼓励和支持将给中药大品种国际认证增强动力和信心。中药国际标准体系制定方面，我国已经支持在国外建立了10个中医药中心，加快国内标准向国际标准转化。此外，国际标准组织/中医药技术委员会（ISO/TC249）将秘书处设在中国，都将促进国际中医药规范发展。中药国际传播方面，中医药已传播到183个国家和地区，世界草药市场近五年来保持了10%以上的年均增速。随着中医药"一带一路"全方位合作格局基本形成，中药产品将以药品、保健品、功能食品等多种方式在沿线国家进行注册，不断完善销售渠道，形成知名品牌，扩大国际市场份额。

第三，中药质量追溯体系建设将推动全链条质量"标准化"。《中医药法》提出"建立进货查验记录制度、进货查验和购销记录制度"。实施后，中药材从源头开始的追溯体系和闭环流通即将建立。一方面，《中药材保护和发展规划（2015—2020年）》中提出建设25个集初加工、包装、仓储、质量检验、追溯管理、电子商务和现代物流配送于一体的中药材仓储物流中心。目前有近40家企业参与中药材物流基地建设，包括长白山中药材物流基地、武陵山片区中药材物流基地、陇西中药材物流基地等在内的9家实验基地已上线运营。另一方面，商务部牵头研制成功了中药材气调贮存养护技术并制定了《中药材气调贮存养护技术规范》。此技术和规范将为促进中药材现代仓储、物流、打造道地药材编码及溯源创造条件，实现从产地到市场再到使用终端的全链条质量可控。[①]

第四，纳入医保、鼓励社会力量投资将引领中药"大众化"。一方面，《中医药法》规定"将符合条件的中药饮片、中成药和医疗机构中药制剂纳入基本医疗保险基金支付范围"。《医保目录（2017年版）》中，中药数量增加至1237个（含民族药88个），在医药总类中占比提升至48.9%，推动中药纳入医保将大幅度提升中药的大众化程度。特别对于中药饮片来说，纳入医保目录、不占药占比、不取消医院加成是一个替代其他药品市场份额的好机会。同时，通过加强监管和确保质量改变中药饮片行业"小散乱"的现状。另一方面，国家支持社会力量投资中医药事业。社会资本迎来了政策商机。据不完全统计，目前中药企业在各类证券市场市值已突破万亿，并在迅速增长中。随着政策的鼓励和支持，中医药事业的大众参与程度将大幅提高。

第五节　《关于开展质量提升行动的指导意见》

一、政策内容

2017年9月，中共中央办公厅、国务院办公厅出台了《关于开展质量提

---

① 张自然：《〈中医药法〉对中医药产业的影响》，赛柏蓝，2017年。

升行动的指导意见》（以下简称《意见》）。《意见》中针对我国经济发展的传统优势正在减弱，实体经济结构性供需失衡矛盾和问题突出，中高端产品和服务有效供给不足等问题，确立了全面提高质量的目标，期望到 2020 年，供给质量明显改善，供给体系更有效率，建设质量强国取得明显成效，质量总体水平显著提升，质量对提高全要素生产率和促进经济发展的贡献进一步增强，更好满足人民群众不断升级的消费需求。并针对开展质量提升行动的主攻方向、主要举措、保障措施提出具体意见。主攻方向为全面提升产品、工程和服务质量，具体包括了增加农产品、食品药品优质供给，促进消费品提质升级，提升装备制造竞争力，提升原材料供给水平，提升建设工程质量水平，推动服务业提质增效，提升社会治理和公共服务水平，加快对外贸易优化升级等八个重点领域。主要举措为破除质量提升瓶颈，包括了实施质量攻关工程，加快标准提档升级，激发质量创新活力，推进全面质量管理加强全面质量监管，着力打造中国品牌，推进质量全民共治等七项举措，并强调要夯实国家质量基础设施，加快国家质量基础设施体系建设、深化国家质量基础设施融合发展、提升公共技术服务能力、健全完善技术性贸易措施体系。保障措施包括制度和组织两个方面，制度方面为改革完善质量发展政策和制度，加强质量制度建设、加大财政金融扶持力度、健全质量人才教育培养体系、健全质量激励制度；组织方面为切实加强组织领导，实施质量强国战略、加强党对质量工作领导、狠抓督察考核、加强宣传动员。

二、政策影响

中共中央、国务院为推进供给侧结构性改革、提高供给质量下发《意见》，明确提出开展质量提升行动，并针对八大重点行业进行了详细部署，体现了国家对我国经济发展形势的判断，必将成为我国未来经济发展与转型的重要着力点，从而对我国经济发展带来重大政策利好。

第一，食品药品标准提档升级，有利于增加优质食品药品供给，提升产品质量安全水平。食品、药品等作为重要消费品，与民众的生活息息相关，《意见》中提出完善食品药品安全监管体制、推动食品安全标准与国际标准对接、全面实施企业标准自我声明公开和监督制度。将提高我国食品、药品、医疗器械的生产的行业标准，推动行业内产品质量水平的整体提高，弥补目前存在的产品质量短板，增加我国优质食品药品的供给，实现高质量食品药品的供需平衡，满足人民群众对优质产品的需求。

第二，促进消费品提质升级，将有利于加快消费品质量提升，推动我国消费品工业向中高端转型升级。消费品工业是我国国民经济的传统支柱产业和重要的民生产业，《意见》中提出推动消费品工业增品种、提品质、创品牌，并针对家用电器、电子设备、纺织服装鞋帽、皮革箱包、日化产业、儿童用品以及民族传统文化产品等产业提出了详细、具体的发展方向，推动企业向定制化生产发展，产品供给向"产品＋服务"转变，满足民众不断升级的消费需求。这将有利于激发我国消费品产业的创新活力，提高产品质量，提升我国消费品行业的竞争力，推动我国消费品工业整体向中高端转型。与此同时，这也对消费品生产企业的创新能力和研发能力提出了更高要求，会造成创新能力差的传统低端生产企业盈利能力下降，生存空间萎缩。

第三，着力打造中国品牌，有利于增强企业综合竞争力，树立中国制造国际新形象。品牌的创建通常以品质为基础，品牌的发展又会对产品质量不断提出更高要求，因此品牌建立对产品提质有重要意义。《意见》中指出要完善中国品牌培育机制，完善品牌建设标准体系和评价体系，制定发布一批品牌建设国家标准，引导企业走品牌发展之路。这一方面将有利于提高企业产品市场识别度与认可度，帮助企业获得品牌带来的产品溢价，从而有机会进一步加大产品质量提升方面的研发投入，推动企业提供更丰富多元的产品、服务，形成"品牌—质量"之间的良性循环；另一方面有利于彰显中国产品优势，提升中国品牌知名度和影响力，改变中国制造"低质廉价"的国际形象，树立中国制造国际新形象，提升中国企业的国际竞争力。

第四，改革完善质量发展政策和制度，有利于优化外部制度环境，为我国全面提高产品和服务质量创造良好土壤。《意见》中从质量发展政策和制度建设、财政金融扶持、人才教育培养以及质量激励制度完善质量提升保障措施，从组织领导、督察考核等方面完善质量提升组织制度。这将为我国全面提高产品和服务质量创造良好土壤，组织领导、督察考核政策的完善将有利于企业等责任主体严格遵守行业、企业产品标准，保障产品质量；质量发展制度、扶持政策等将激励企业勇于创新，提升产品品质。

第五，全面提升产品、工程和服务质量，将有利于改善供给结构，提升供给体系效率。《意见》中指出持续提高产品、工程、服务的质量水平、质量层次和品牌影响力，推动我国产业价值链从低端向中高端延伸。这将会提高现有产品品质、增加市场中高端产品的供给，从而改善我国当前产品、工程、服务的供给侧结构，提升供给体系效率，满足人民群众更多元、更高端的消费需求。

第六节 《关于深化审评审批制度改革鼓励药品医疗器械创新的意见》

一、政策内容

2017年10月，中共中央办公厅、国务院办公厅出台了《关于深化审评审批制度改革鼓励药品医疗器械创新的意见》（以下简称《意见》）。《意见》中针对我国药品医疗器械科技创新支撑不够，上市产品质量与国际先进水平存在差距等问题，对促进药品医疗器械产业结构调整和技术创新提出了六个方面的具体意见。一是改革临床试验管理，临床试验机构资格认定实行备案管理、支持临床试验机构和人员开展临床试验、完善伦理委员会机制、提高伦理审查效率、优化临床试验审批程、接受境外临床试验数据、支持拓展性临床试验、严肃查处数据造假行为；二是加快上市审评审批，加快临床急需药品医疗器械审评审批、支持罕见病治疗药品医疗器械研发、严格药品注射剂审评审批、实行药品与药用原辅料和包装材料关联审批、支持中药传承和创新、建立专利强制许可药品优先审评审批制度；三是促进药品创新和仿制药发展，建立上市药品目录集、探索建立药品专利链接制度、开展药品专利期限补偿制度试点、完善和落实药品试验数据保护制度、促进药品仿制生产、发挥企业的创新主体作用、支持新药临床应用；四是加强药品医疗器械全生命周期管理，推动上市许可持有人制度全面实施、落实上市许可持有人法律责任、建立上市许可持有人直接报告不良反应和不良事件制度、开展药品注射剂再评价、完善医疗器械再评价制度、规范药品学术推广行为；五是提升技术支撑能力，完善技术审评制度、落实相关工作人员保密责任、加强审评检查能力建设、落实全过程检查责任、建设职业化检查员队伍、加强国际合作；六是加强组织实施，加强组织领导、强化协作配合、做好宣传解释。

二、政策影响

此次发布的《意见》，可操作性和针对性都很强，因此《意见》一出台就受到业内的高度关注。可以预见，《意见》将对促进药品医疗器械产业结构调整和技术创新产生积极影响。

第一，改革临床试验管理，有利于提高医药企业临床实验效率，降低企业研发成本。目前，我国临床试验机构存在很大缺口。《意见》中提出的临床试验机构资格认定实行备案管理、支持临床试验机构和人员开展临床试验等政策，将有利于拓宽临床试验的开展渠道，增加临床试验机构，解决我国目前临床试验资源稀缺的问题。优化临床试验审批程序、接受境外临床试验数据、支持拓展性临床试验等政策将有效缩短审批时间，加速企业临床实验进程，提高临床试验的效率，从而降低企业在临床实验中投入的研发成本，加快新药上市速度。

第二，加快上市审评速度，有利于提高药品和医疗器械的审评工作效率，促进药品医疗器械产业发展。针对我国目前药品医疗器械上市审评审批周期长、效率低的问题，《意见》既提出加快临床急需、罕见病治疗药品医疗器械审评审批，建立专利强制许可药品优先审评审批制度，实行药品与药用原辅料和包装材料关联审批，简化经典名方类中药的审评审批，还提出严格药品注射剂审评审批，严格控制注射制剂、注射用无菌粉针等产品的审评审批。《意见》将在保证药品质量的情况下，减少符合条件的药品医疗器械审评审批流程，缩短审评审批周期，以此加快临床急需药品医疗器械、创新医药的上市步伐，有利于及时满足民众用药需求，提升罕见病患者用药品医疗器械可及性，为公众治疗疾病提供更多更好的选择。

第三，促进药品创新和仿制药发展，将有利于激发药品行业的创新动力，提高仿制药质量。《意见》指出要探索建立药品试验数据保护、药品专利链接、药品专利期限补偿，支持新药临床应用等制度，这些制度既赋予了创新药研发主体在数据保护期内对药品试验数据享有独占权，避免仿制药可能的专利侵权，并最大程度延长药品可获得保护的期限，构成了一套系统科学的产权保护机制，将有力保护专利权人、药品注册申请人的合法权益，激发企业和科研人员的创新创造活力，提高我国药品行业的创新能力，加快已有科技成果转移转化，丰富市场药品供给。《意见》还指出要建立上市药品目录集，促进药品仿制生产，以此提高仿制药标准的完整、规范水平，引导仿制药的生产，实现仿制药与原研药质量与疗效的一致性，这将有利于提高仿制药品质量，提高公众用药可及性，降低用药负担。

第四，实施药品医疗器械全生命周期管理，将有利于保障我国药品医疗器械的质量安全，提高产业竞争力。《意见》中提出在药品医疗器械研发中实施全生命周期管理，推动落实上市许可持有人对药品和医疗器械从设计开发、临床试验到销售配送、不良事件报告全链条的法律责任，保证药品和医疗器械研发和使用中的每个环节都有章可循、全程质量可追溯。同时，严肃查处临床试验数据造假、隐瞒不报或逾期报告不良反应和不良事件、医药代表误导医生使用药品或隐匿药品不良反应等行为。这一套严格的管理机制将有利于医药企业加强对产品质量安全的管理，提升我国药品医疗器械的质量，促进我国药品医疗器械产业向更高标准转型升级。

第五，加强国际合作，将有利于加快我国药品医疗器械产业与国际接轨。《意见》既提出符合中国相关要求的境外临床试验数据，可以用于中国申报注册申请；而且提出深化多双边药品医疗器械监管政策与技术交流，推动逐步实现审评、检查、检验标准和结果国际共享。这一方面有利于国际上的新数据、新技术以及新药物"走进来"，让中国民众有机会更快用上国际最新研发的药物；另一方面也有利于提高我国药品医疗器械的技术研发水平，推动我国的医药技术向国际看齐，并为中国创新药物走向国际打好基础。

第七节 《关于积极推进供应链创新与应用的指导意见》

一、政策内容

2017 年 10 月，国务院出台《关于积极推进供应链创新与应用的指导意见》（以下简称《意见》）。《意见》中国务院对推进我国供应链创新与应用作出了全面的部署和安排，指出了推进我国供应链创新与应用的重要意义、总体要求、重点任务以及保障措施。

《意见》要求以提高发展质量和效益为中心，以供应链与互联网、物联网深度融合为路径，以信息化、标准化、信用体系建设和人才培养为支撑，创新发展供应链新理念、新技术、新模式，高效整合各类资源和要素，提升产业集成和协同水平，打造大数据支撑、网络化共享、智能化协作的智慧供应链体系。具体来说，包括六个方面的重点任务，第一，推进农村一二三产业融合发展，创新农业产业组织体系、提高农业生产科学化水平、提高质量安全追溯能力；第二，促进制造协同化、服务化、智能化，推进供应链协同制造、发展服务型制造、促进制造供应链可视化和智能化；第三，提高流通现代化水平，推动流通创新转型、推进流通与生产深度融合、提升供应链服务水平；第四，积极稳妥发展供应链金融，推动供应链金融服务实体经济、有效防范供应链金融风险；第五，积极倡导绿色供应链，大力倡导绿色制造、积极推行绿色流通、建立逆向物流体系；第六，努力构建全球供应链，积极融入全球供应链网络、提高全球供应链安全水平、参与全球供应链规则制定。

《意见》还提出了六个方面的保障措施，包括营造良好的供应链创新与应用政策环境、积极开展供应链创新与应用试点示范、加强供应链信用和监管服务体系建设、推进供应链标准体系建设、加快培养多层次供应链人才和加强供应链行业组织建设。对相关部门加强组织领导、保障任务落实提出了要求。

二、政策影响

国务院为推动供应链创新与应用下发《意见》，显示了国家对未来经济发展中供应链创新的认可和重视，必将成为优化我国产业组织方式、推动供给侧改革、提升我国企业市场竞争力的着力点。

第一，推进农村一二三产业融合发展，有利于提升产业链上下游的协同能力和质量安全水平。一是鼓励创新农业组织体系，将提高农业的组织化与现代化水平，有利于实现农产品生产主体与产业上下游企业实现利益联结与信息共享；二是提高农业生产科技化水平，推动建设农业供应链信息平台，推动农业生产经营环节大数据的集成与共享，这提高农业产业链中的上下游协同能力，促进农业生产向消费导向型转变，增加绿色优质农产品供给；三是提高质量安全追溯能力，提出加强食品冷链设施及标准化建设，建立基于供应链的肉类、中药材、幼儿配方食品、肉制品、乳制品、食用植物油、白酒等重要产品的质量安全追溯体系，全链条可追溯的食品生产体系将提高我国的农产品质量和食品消费的安全水平。

第二，促进制造协同化、服务化、智能化发展的方向，有利于推动我国制造业向中高端迈进。一是推进供应链协同制造，实现制造业供应链的资源整合、流程优化和协同管理，缩短生产周期和新品上市时间，能够切实降低企业经营成本和交易成本，有利于企业在提高市场响应速度的同时，降低生产经营成本；二是发展服务型制造，建设一批服务型制造公共服务平台，鼓励相关企业向产业上下游延伸发展，拓展增值服务，能够推动我国的制造业从"生产型制造"向"服务型制造"发展，提升制造业的价值增值能力，推动我国制造业向价值链的中高端跃升；三是促进制造供应链可视化和智能化，促进制造业全链条的信息共享，能够推动人机智能交互、工业机器人、智能工厂、智慧物流等先进技术和装备在机械、航空、船舶、汽车、轻工、纺织、食品、电子等行业中应用的同时，提高供应链的敏捷性和智能化。可见，推进供应链创新将会为我国的制造业创造更多增值和盈利的机会，并推动我国制造业从"中国制造"向"中国智造""中国创造"转变。

第三，积极稳妥发展供应链金融，有利于扩宽供应链上下游中小企业融资渠道。《意见》中鼓励推动信用信息共享，鼓励商业银行和供应链核心企业建立供应链金融服务平台、建立债项评级和主体评级相结合的风险控制体系。利用供应链中的物流和信息流，能有效解决供应链上下游中小微企业与金融机构间的信息不对称问题，从而降低小微企业的融资成本和金融机构的信贷风险，以此扩宽供应链上下游中小企业融资渠道。

第四，积极倡导绿色供应链，有利于推动我国经济的绿色发展和可持续发展。一是大力倡导绿色制造，推行产品全生命周期绿色管理，强化供应链的绿色监管，都将改变汽车、电器电子、通信、大型成套装备及机械等行业生产制造方式，减少企业在生产中的资源浪费和能源消耗，从而推动我国经济的绿色发展；二是积极推行绿色流通，鼓励流通环节推广节能技术，建立绿色物体系，将有利于减少物流环节的资源浪费与环节污染，形成环境友好的绿色物流体系；三是建立逆向物流体系，建立供应链的废旧资源回收平台、交易市场，落实生产者责任延伸制度，将推动电器电子、汽车产品、轮胎、蓄电池和包装物等产品的各类废弃资源实现再利用，同时也减少了废弃物对环境的污染，从而实现经济的可持续发展。

第五，努力构建全球供应链，有利于增强我国企业在全球供应链体系中的主动权和话语权。一是鼓励企业深化对外投资，在境外建立本地化的供应链体系，将有利于我国企业"走出去"，推动我国企业在更广范围、更深层次融入全球供应链体系；二是鼓励企业建立重要资源和产品全球供应链风险预警系统，将有利于提高全球供应链安全水平，提升企业的风险防控能力；三是加强与主要贸易国家和"一带一路"沿线国家的磋商与合作，以全球供应链体系为载体，完善利益链接机制，建立包容共享的全球贸易新规则，将提高我国企业在全球供应链体系中的地位。

热 点 篇

第十二章 2017 年中国消费品
工业热点事件解析

第一节 国产器械"进口替代"如何破局

一、背景

近几年，我国医疗器械行业正迎来罕见的"政策密集期"，从《中国制造2025》到《健康中国 2030 规划纲要》都将高端医疗器械国产化提到前所未有的国家战略高度。自 2013 年以来，相关部委鼓励支持医疗器械产业发展的政策文件已多达 20 多个，如《医疗器械注册管理办法》《体外诊断试剂注册管理办法》《医疗器械优先审批程序》以及《首台（套）重大技术装备保险补偿机制试点》等，这些政策涉及了研发、注册审批、生产、应用等多个环节，宗旨都是扶持国产医疗器械行业的发展和应用以实现进口替代。其次，新医改驱使医疗机构选购国产医疗器械。一直以来国外品牌的高价以及售后维护等环节的"霸王条款"① 倒逼医院将费用向患者转移，检查费用居高不下，患者怨声载道。新一轮医改方案出台后，政策倒逼下公立医院检查费和医药费支出的不合理增长将得到有效遏制，采用高性价比的国产医疗器械将成为降费的重要手段。再次，分级诊疗助推国产器械应用。分级诊疗是新一轮医改的又一个重要内容，提高基层医疗服务水平行动正加快推进。受此利好政策影响，基层医疗机构对性价比高的国产医疗器械的需求将快速增长。

---

① 为获取后续维护环节的高额利润，部分国外医疗器械供应商不提供设备维修手册、设置维修软件密码等。

在政策驱动下，随着国产设备和耗材质量的持续改进，高值耗材尤其是创伤类骨科国产品牌份额已经超过了进口产品，一定程度上实现了"进口替代"。可是，绝大多数企业依然集中于低值耗材、低端诊疗设备市场。在超声波治疗仪、心电图设备、高档生理记录仪、磁共振设备等高端领域，国外品牌市场份额依然保持在90%左右，罗氏、雅培、西门子、飞利浦、GE等国际品牌占据了以三甲医院为主的高端医疗器械市场。相比之下，国产品牌仅凭借价格优势和政策支持获得了较高的二级以下基层医疗机构市场份额。在一、二、三类医疗器械中①，我国三类医疗器械生产企业和注册数量占比普遍偏低，多数企业生产的是一、二类竞争力不足、市场相对饱和的中低端产品。国家食品药品监督管理总局统计显示，截至2015年，全国实有医疗器械生产企业共14151家，但附加值较高的三类医疗器械企业仅占18.5%，国产医疗器械真正实现"进口替代"任重道远。

二、主要内容

要解决国产器械"进口替代"的问题，先要找到实现"进口替代"的几个难点。

一是国产高端医疗器械核心技术缺乏。研发投入不足直接导致国产高端器械无法突破核心技术。2015年，全球医疗器械研发投入占总销售额比例平均为6.5%，发达国家或地区比例达到10%—15%，少数跨国巨头研发投入比例高达15%—20%，而我国的平均水平仅有3%。现在国内部分创新型企业已具备自主研发高端器械的实力，但是普遍面临的问题是核心技术无法突破，核心部件需要到国外购买，名义上实现了"进口替代"，实际上依然是依赖于跨国巨头。

二是国产医疗器械产业链短板突出。医疗器械产业链涉及计算机、电子、生物医学工程、材料、光学、声学、放射学等各种领域。虽然我国在电子信

---

① 医疗器械分为三类：第一类是指通过常规管理足以保证其安全性、有效性的医疗器械；第二类是指对其安全性、有效性应当加以控制的医疗器械；第三类是指植入人体，用于支持、维持生命，对人体具有潜在危险，对其安全性、有效性必须严格控制的医疗器械。三类医疗器械中，第一类附加值较低，第三类附加值高。

息、装备制造等方面具有一定优势，但材料及化工方面明显落后于发达国家和地区，加之加工工艺精密性差，导致国产医疗器械关键零部件高度依赖进口。例如，国内企业生产 CT，国内采购的零部件主要是机械加工和电子化加工类，而特种材料、微电子类和真空电子类零部件完全依赖进口。

三、主要启示

要破解我国国产器械"进口替代"的难题，提升国产医疗器械的整体制造水平，可从以下几方面着力。

提升国产器械的研发创新能力。一是继续发挥国家高性能医学诊疗设备专项的作用并不断扩大专项规模，围绕关键零部件、控制系统、关键材料等产业链短板环节的前期研发加大支持力度，加快新产品的注册审批和研发成果的产业化进程。二是抢抓国家大力实施《中国制造 2025》《健康中国 2030 规划纲要》机遇，在中高端医疗器械相对集中的深圳、北京、上海等地建立医疗器械全产业链创新中心。重点建设覆盖计算机、电子、生物医学工程、材料、光学、声学、放射学等细分领域的医疗器械全产业链创新中心，提高全产业链创新能力。三是引导和支持企业"走出去"围绕产业链关键环节开展境外收购，实现并购换技术。四是引导和支持国内中高端医疗器械龙头企业建立产业创新联盟。联合国内外知名科研院所，以股权合作或其他形式围绕关键问题开展联合攻关。

提高国产器械稳定性和可靠性。一是继续推行国产医疗器械标准提高行动计划。开展与国际标准对标，细化在用医疗器械检验技术要求。二是推行国产医疗器械质量提升计划。支持医疗器械企业提高工艺技术水平，鼓励企业建立自动化生产车间，改变人工组装、人工测试为主的状况，提高机械组装水平，实现自动化物料配送、质量检测，提升医疗器械的稳定性和可靠性。三是加强临床研究核查和生产监管。保证器械临床试验过程的规范性、真实性、可靠性和可追溯性，加大对器械生产尤其是高风险产品的监管力度，杜绝不达标产品进入市场。

多渠道扩大国产医疗器械的应用。一是以新一轮医改为契机，全面落实《关于控制公立医院医疗费用不合理增长的若干意见》，大力推进国产高性能医学诊疗设备的遴选工作。建议在全国年度终端采购的中高端医疗器械中明确稳定性、可靠性较好的国产品牌的比例。二是以全面推进分级诊疗为契机，加大对国产三类医疗器械的宣传推广和支持力度，提高国产中高端医疗器械在基层医疗机构的应用比例和市场份额，并逐步实现向大中城市医疗机构的渗透。三是认真落实国家有关首台（套）重大技术装备保险补偿机制试点制度等相关政策，引导和支持国产中高端医疗器械企业加强与大型租赁公司等机构的合作，大力开展国产中高端医疗器械的有偿租赁使用活动。

第二节　从"脚臭盐"事件看盐业体制改革任务之重

一、背景

食盐是生活必需品，确保食盐质量安全是民生基本诉求之一。2017年4月，一种味道独特、被称为"脚臭盐"的不合格食盐在江苏、陕西、山东、江西等多地的超市货架出现，事件经媒体报道后持续发酵，食盐质量安全问题成为社会关注热点。探寻"脚臭盐"事件的成因，主要由以下几方面因素造成。

一是部分企业质量意识薄弱。根据食用盐国家标准，合格食盐的感官要求应为无异味。虽然有关方面解释，异味是隐藏在岩盐矿藏中极少量的短链脂肪酸发出的，对人体无害。但不管是否对人体有害，食盐产品出现异味，从感官要求即可判定为不合格。不合格产品出厂流向社会，作为质量安全的第一责任主体，生产企业难辞其咎。引起异味的物质并非企业主观故意添加，但至少说明企业质量意识淡薄，技术和工艺处理不到位，质量控制过程存在纰漏。涉事企业中，河南平顶山神鹰盐业有限责任公司的食盐曝光最为集中，其生产的多个品牌多批次产品均不合格。据悉，这家原本规模较小的食盐定点生产企业2017年初获得跨区经营资质后，不断拓展业务覆盖面，超负荷运转。正是因为企业在快速扩张过程中为了扩产能、抢工期、占市场，存在侥幸心理而忽视了产品质量关，才导致产品"带病"出厂。

二是地方保护主义者或成为风波的推手。事件中一个细节引起争议，部分"脚臭盐"开袋即臭，无疑是不合格的，而另一部分"脚臭盐"出现臭味的前提条件是需要用手搓，即不搓不臭、一搓就臭。然而根据国家标准，正常的食盐检测方法是"在自然光线下，观察其色泽和组织状态，并嗅其气味"，用手搓盐的方法并不科学。同时，涉事的几家企业也纷纷发表声明，认为是有关方面"蓄意歪曲事实，恶意误导消费者，恶意不实宣传"。值得注意的是，一些率先爆发风波的省份恰恰是跨区经营纠纷较多的省份，部分省份在没有公开检测报告的情况下声称"脚臭盐"中检测出了硫化氢等有毒有害物质，在大力"围剿"的同时，建议当地群众不要买外地盐，本地盐更安全，被质疑是借治理"脚臭盐"之名，行地方保护之实。

三是改革加速，质量问题暴露。此次事件爆发于盐改大幕正式拉开之初，一些观点也随之而来，矛头直接指向盐改，认为在盐改背景下监管难度加大，食盐质量难以保证。而事实上，盐改旨在释放市场活力，实现资源有效配置，在以往封闭体制下，地方当地盐企产品出现问题，很有可能是大事化小，小事化了，实现自我消化。恰恰是盐改打破了以往的利益格局，改变了各自为政的治盐体制，使"脚臭盐"事件快速暴露成为可能。"脚臭盐"事件具有警示效应，跨区经营引入的竞争机制倒逼企业改进产品质量，不合格品将无处遁形，直接失去市场竞争机会，这为以往体制导致的弊病带来净化和修正机会。

二、主要内容

从"脚臭盐"事件，我们可以看出盐行业未来的变革趋势。

行业洗牌加剧，龙头企业及产销一体企业将受益。此次盐改的亮点体现在两个方面，一方面打破批发资格限制，允许食盐定点生产企业进入流通和销售领域；另一方面打破批发地域范围限制，允许食盐批发企业开展跨区域经营。这两项关键措施的落实，将推动形成全国统一的市场，促进产业结构调整。"脚臭盐"事件发生彰显了行业竞争的加剧。虽然定点生产企业面临着新获批发资质的利好，但对一些生产水平低差、产品质量不过关、原始积累薄弱又不善于拓展市场的生产企业来说，短期内能否建立或寻求到合适的销售渠道仍属未知，被日后出台的更加严格的规范条件挤出的风险较大。与此同时，在告别垄断利益后，一些市场竞争意识不强、经营渠道和手段有限、货源不稳定的批发企业来讲，将面临夹缝中生存的巨大压力。适者生存的法则将在这个曾经封闭的行业发挥作用，竞争将推动行业深刻变革。以往产销企业市场地位不平等，利润分配不公的情况将不复存在，实力雄厚、产销一体的龙头企业因其货源、销售渠道不会受制于人，将具有更多的话语权和先发优势。改革将使盐行业迎来一轮兼并重组、结构优化、转型升级的热潮，预计经过一段时期的洗牌，食盐行业集中度将提高，一些大型盐业集团会占据市场主导地位。

食盐质量安全监管不断强化，食盐质量有望稳步提升。事件发生后，社会各界对食盐质量安全关注进一步提升，"零容忍"将倒逼用盐"零风险"。确保食盐质量安全是改革的核心前提，随着改革的深入，食盐的质量安全水平将稳步提升，具体原因有四点：一是企业将提供质量更好的产品以参与竞争，品质将是核心竞争力。二是改革明确放开食盐价格，竞争将促使食盐和工业盐等非食用盐的价格差大幅减少，制贩假盐的现象将随之减少。三是新修订的《食品安全法》适用于食盐且优先于其他涉盐法规，随着食盐质量安全管理与监督职能交由食品药品监管部门或市场监管部门负责的条件日益成熟，特别是"最严谨的标准、最严格的监管、最严厉的处罚、最严肃的问责"的食品安全要求背景下，食盐违法行为将面临前所未有的高压打击态势。四是《盐业体制改革方案》中提出的食盐企业规范条件也对生产经营食盐企业的资质提出了更高的要求。

新问题或将出现，改革过渡期攻坚任务仍较重。由于历史原因，产销两个阵营的矛盾以及区域割据的矛盾仍将在改革初期频频显现。一方面，部分长久压抑的生产企业容易急功近利，为了抢占市场而不择手段。例如委托不具有资质的代理商开展批发业务、销售与当地碘浓度要求不符的产品以及低价恶意竞争扰乱市场等。另一方面，出于自身利益的考虑，一些地方特别是政企未分的盐业主管机构，可能会以食盐质量安全为由，变本加厉利用许可、备案等行政手段设置壁垒进行干预和区域保护，将外地盐拒之门外。这些问题如若处理不好，容易抵消改革的成果，影响改革的有序推进。

三、主要启示

（一）深入推进盐业改革，进一步强化监管体制

食盐质量安全的关键在于强有力的监管体制，以往盐业管理和经营主体政企不分，既是裁判员又是运动员的体制饱受诟病，跨区经营背景下容易出现或为维护垄断利益差别化执法，或因失去垄断利益而失去监管动力等情形。想要从根本上杜绝"脚臭盐"，根除"护短""找碴"等不合理行政行为，就必须坚定不移地深化盐业体制改革，特别是推动政企分开的监管体制变革，斩断各种利益瓜葛。各地应该结合行政执法体制改革的要求，积极探索推进食盐安全监管体制改革，创造条件将食盐质量安全管理与监督职能移交食品药品监管部门或市场监管部门负责，明确时间进度，细化各部门责任分工，切实推动政企分开工作。

（二）加快研究制定配套政策，规范企业产销行为

与国外同行相比，我国食盐行业整体水平仍相对较弱，全行业应以"脚臭盐"事件为契机，苦练内功，全面提高行业竞争力。应加快研究制定《盐业体制改革方案》中明确提出的食盐企业信用管理、食盐电子追溯体系建设以及食盐企业规范条件等相关配套政策，这些配套政策的出台和有效落实对确保改革成效、维持食盐市场长治久安至关重要。一是通过信用管理加强企业行为约束。通过建立和完善信用体系建设有效净化经营主体，提升行业整体素质。二是通过电子追溯体系打造用盐安全屏障。应贯彻落实《国务院办公厅关于加快重要产品追溯体系建设的意见》等文件的精神，实现食盐"来源可追溯、去向可查证、责任可追究"，让假盐劣盐无处藏身。三是通过食盐企业规范条件提高行业准入门槛。研究制定新的食盐生产、批发企业规范条件，为未来实施更严格的准入提供依据，改变食盐生产经营企业"小散乱多"的现状。

（三）推动相关法规立改废，促进依法治盐

食盐行业现行的《食盐专营办法》《盐业管理条例》《食盐加碘消除碘缺乏危害管理条例》等法规的出台时间距今久远，其中跨区经营限制、计划管

理、价格管理以及准运证管理等部分规定已与管理实际及改革要求不符。相关部门和地方政府要抓紧对现行盐业管理法规政策进行清理，按程序提出立改废建议，推动健全法律法规体系，促进盐业健康发展。从国家层面看，应加快推动相关法规的修订进程，加大对涉盐违法违规行为的惩处力度，对有违法失信行为的企业和个人依法实施联合惩戒。同时加大对行业内部的宣传培训力度，提高盐业从业人员依法行政能力和水平。从地方层面看，各地应结合地区实际，对与改革要求和国家级法规不符的地方性法规、政府规章和规范性文件进行及时清理，从根本上解决区域割据、地方保护的问题。

（四）加大对行业兼并重组的支持，培育大型企业集团

按照国务院深化国有企业改革的有关要求，加快国有盐业企业公司制、股份制改革，鼓励食盐生产、批发企业兼并重组，完善企业重组相关政策。一是在放开行业并购贷款的同时，对企业兼并重组涉及的资产评估增值、债务重组收益、国有资产无偿划转、土地变更登记等方面给予税收优惠；二是鼓励商业银行对兼并重组企业的技术改造、技术创新项目应优先给予贷款支持，对兼并重组后的企业实行综合授信；三是积极支持各类股权投资基金以及产业投资基金等民间资本参与制盐行业的兼并重组，鼓励证券公司、资产管理公司向企业提供直接投资、委托贷款等融资支持。

第三节　我国放开网售处方药条件是否具备

一、背景

近年来，网售处方药的政策在"松绑"和"收紧"中徘徊。2014年5月，国家食药监总局曾发布《互联网食品药品经营监督管理办法（征求意见稿）》，拟放开网售处方药，文件规定："互联网药品经营者应当按照药品分类管理规定的要求，凭处方销售处方药；处方的标准、格式、有效期等，应当符合处方管理的有关规定"。2017年11月14日，国家食药监总局发布了《网络药品经营监督管理办法（征求意见稿）》（以下简称"意见稿"），则给出明确"收紧"信号，明确网络药品销售者不得销售和发布处方药信息。意见稿一出，业界反响不一。有意见认为放开网售处方药会扩大药品销售市场和药品可及性，方便患者；有意见认为禁止网售处方药会杜绝处方药乱售和安全责任事故。

二、主要内容

从美国经验看，美国网售处方药是在医药分开、电子处方普及、监管体系完善等条件具备后才得以顺利安全运行的，而我国目前并不具备放开网售处方药的必要条件，放开网售处方药需从长计议。

（一）处方外流难以实现

医药不分家和医保覆盖面窄致使处方外流难以实现。一是我国目前医院都自建门诊药房，即使取消药品加成后门诊药房不再是"利润中心"，出于便利性和对于医院药房药品质量的信任，患者还是普遍选择在医院门诊药房买药。二是目前医保支付大多只覆盖医院药房，受制于医保控费、医保用途的真实性、医保账户的安全性、医保数据与网上药店系统安全对接等问题，目前及未来一段时间，我国很难实现网上购药的医保支付，这将使网上销售处方药只会成为紧急用药的一种替代购药渠道，可实现医保实时结算的医疗机构门诊药房仍是其购药的首选渠道。

（二）处方未联网可靠性难以保证

处方药（Rx）与非处方药（OTC）的最大不同在于是否需要凭处方购买。目前我国91%的处方药市场掌握在医院手里，而医院与线下线上零售药房并未实现电子处方共享，需要患者凭借医院医生开具的纸质处方去购药。目前部分医药电商平台销售处方药主要通过"药师在线审方"形式出售，即消费者在平台上搜索到相关处方药后，以在线沟通或留下联系电话形式将处方提交给平台药师，药师在审核通过处方后，通过线下药店或自提形式获得药品。这种方式容易出现处方造假、滥开处方等问题，处方的真实性和可靠性难以保证。

（三）联合监管体系尚不健全

与实体药店药品销售相比，网上药品销售存在业务涉及范围广、隐蔽性强、控制难、取证难、监管难等问题。目前我国对于线上处方药销售监管乏力，相关法规不健全。药品管理法中没有涉及网上药品销售的条款，各地准入条件、监管要求存在很大差异。对于网上销售处方药的存储运输条件没有明确的操作管理规范。监管体系不健全将无法有效保障网售处方药的药品安全。

（四）物流配送条件不成熟

药品作为特殊的商品，对物流配送条件要求较高，仓储、运输、配送等过程都必须符合国家《药品经营质量管理规范》（GSP）的要求。医药电商销售处方药会选择自建或第三方物流配送，目前绝大部分物流企业并不具有配送药品的资质，难以满足对于温度和湿度要求较高的一些处方药的配送要求。完善的物流配套也是放开网售处方药的必要条件之一。

三、主要启示

（一）多手段推动处方外流

一是积极推动门诊药房剥离医院。鼓励医疗机构采用药房托管等方式剥离门诊药房，实现医疗机构只看病不开药的属性。二是积极探索线上医保支付模式。只有实现电商的医保覆盖，才能带动电商处方药规模化销售。应积极研究探索线上医保支付的可能性，建立基本医疗保险和商业医疗保险相结合的医保支付方式，学习美国经验，引入第三方中介机构进行处方审核和医保报销审核。对于不可回避的医保账户的安全保障、医保数据与网上药店系统安全对接等课题，可开展预先研究。

（二）建设电子处方应用平台

建立医疗机构、零售机构、医保机构、医师互联互通的电子处方管理系统。鼓励符合条件的药品零售企业可根据企业实际，选择具备相关网络技术、硬件设备条件的第三方医疗服务机构，合作建立远程医师诊疗、电子处方应用平台。实现患者就医无纸化，但在建立电子处方管理系统时，需要重点解决好处方外购、签字留样、药品目录、处方退改、处方传递、数据安全、医保报销、法律责任等相关问题。远程医师应具备执业医师资格，并在合法医疗机构注册管理。零售终端必须能查询在指定时间内的每一笔处方开方及审核的详细记录。电子处方系统必须能够保证零售终端和执业医师能够清晰流畅地视频对讲，并能在后台保存咨询录音和视频文件，便于相关部门抽查。电子处方系统必须提供数据接口便于监管部门实时查看。

（三）建立各部门跨区域联合监管机制

由于网络自身特点，网上药店跨区域销售比较频繁，需要建立跨部门全国统一的信息系统监督机制，同时要完善我国跨区域销售的法律体系和处罚机制。对于网上销售处方药，建立以国家食药监总局为主导，各省市参与，工商、质检、卫生、工商、公安、交通等多个部门协同合作的监管机制。此外，要加快《互联网药品交易法》立法，完善互联网药品交易的法律法规体系以及行业指南，更好地指导和规范网上药店的发展，保护消费者的合法权益。

（四）鼓励依托实体药店O2O销售模式建设

考虑到药品储藏运输的特殊性，除积极鼓励第三方物流根据药品新版GSP要求，加强冷链管理、仓储管理等基础设施建设外，可引入美国处方药销售O2O模式，将其作为未来放开网售处方药试点模式来推广。鼓励大型连锁实体药店合作，自建或者共建PC网络。消费者下单可以选择零售药店自己或合作方的PC网络、门店，支付可以选择在线自助支付或就近门店付款，配送方式可以选择门店自提或配送上门。依托大型连锁实体药店开展线上处方药销售，既可以利用其完备广泛的物流配送体系，保证药品运输安全，还能实现线上下单，网点取药的灵活售药方式。实现资源整合，降低物流成本。

第四节　国际药品价值评估经验
对我国医保药品谈判的启示

一、背景

2017年4月14日，人社部发布了《关于确定2017年国家基本医疗保险、工伤保险和生育保险药品目录谈判范围的通告》，共有 44 个品种入选医疗保险药品谈判范围，其中包括国产品种 19 个、外资品种 25 个。这些药品多半为肿瘤靶向药物，涵盖了白血病、肺癌、胃癌、结直肠癌等常见肿瘤，其他为心脑血管疾病、罕见病、糖尿病等重大疾病用药。此次医保药品谈判目录的公布，表明我国医保目录由静态调整向动态调整转变，未来药品通过谈判进入医保目录将成为一个重要渠道。目前，国内药品谈判机制还处于探索建立阶段，在国际上，针对创新药大多实行价格干预、目录遴选和药品谈判一体化的方式。谈判既是政府干预价格方式的一种创新，也是医保目录评审的一种新手段，国际药品谈判经验对于我国完善药品价格机制和医保药品目录遴选机制具有重要的借鉴意义。

二、主要内容

从国际经验来看，参与谈判的药品大多是具有一定的创新性"专利药或是独家药品"，因难以进行归类，所以国际上对于创新药主要采用药物经济学评估技术对其直接定价。即由专门的评价机构对创新药进行"成本—健康产出"评估，根据评估结果提出相关建议，最终由政府职能部门来决定该药的价格和报销政策。基于药品价值评估的谈判机制，其关键环节主要有评价主体的设定，评价指标的确定，评价材料的选定以及评价结果的公布。

（一）建立中立专业的评价主体（机构）

各国药物评价机构一般都在政府资金的支持下运行，有些是政府的职能机构，例如英国的国家临床研究院（NICE），澳大利亚的药物报销咨询委员会（PBAC），有些则是半官方或者第三方的独立机构，例如德国的卫生服务质量和疗效研究院（IQWiG），加拿大的药品专家委员会（CEDAC）。评估机构一般设有两个小组：一个是由专业人员组成的核心专家组，包括药学专家、经济学专家、流行病学专家、医疗保险专家等，直接负责药品评估工作。另一个是由药品生产企业、供应商、消费者等为代表的比较广泛的咨询小组。

（二）制定严谨合理的评价指标

从国际经验看，药品评价的主要指标包括安全性、有效性、成本—效果分析以及预算影响分析等，从事药品价格谈判服务的评价机构主要侧重于成本—效果评价和预算影响评价。在德国，IQWiG 的评价内容通过法律的形式规定下来，包括五个方面：健康状况的改善、病程的缩短、期望寿命的延长、不良反应的减少以及生命质量的改善等。另外，IQWiG 在评价过程中会考虑疾病经济负担因素和病人的意见。加拿大的 CEDAC 和澳大利亚的 PBAC 都从安全、有效、成本—效果方面进行评价。英国的 NICE 则主要提供成本—效果方面的建议。

（三）提供科学可信的评价材料

科学完善的评价材料是药品谈判的基础。各国评估专家小组进行评价所依据的资料主要来自三个方面：一是制药企业递交相关的资料，包括药品安全性、疗效、成本—效果、预期销量等。其中，成本—效果方面需提供建议价格和海外价格的比较、目录中的类似药物及其价格、预算开支、商品成本、利润空间、价格计算等相关内容；二是相关的科学文献。例如该药是否能对重大医疗状况产生预防或治疗作用，是否比已列入目录的同类药品更有效、毒性更低、更具有成本效果等；三是临床医生、药师、护理人员以及患者的意见。政府以指南的形式确定制药企业递交资料的标准和格式，以及推荐的评估模型。目前，已经有 30 多个国家和地区制定了药物经济学指南。

（四）发布权威透明的评价结果

为了减少外界干扰，专家小组的评价过程是封闭式的，但是一旦有了阶段性的评价结果，就会立即将结果公开，同时还公开一系列评价的基础资料和依据，包括：评价所选择的资料以及资料遴选标准和过程、评价模型的结构和评估指标、模型参数的选择、各专家的主要意见以及会议录音等。公布详细的评估依据，接受公众的监督，还可表明评估结果是"可重现的"，即任何专业人员根据专家小组公布的详细资料，可以得到同样的评估结果，从而保证评估结果的客观性、科学性和权威性。

三、主要启示

（一）构建科学透明的药品价值评估机制

价值评估是药品谈判的基础，因此在谈判过程中的一个关键问题是要形成双方对药品价值的共识。国际上，对于创新药一个比较通用的做法是引入药物经济学评价，谈判双方可以平等地表达各自对产品价值的认识，最后通过科学透明的方法来形成各方对药品价值的共识。我国可以在价格谈判之前要求药品供应商提供药物经济学评价的相关资料，对药物的组成成分、临床效果、成本—效用、预算影响等各方面进行详细了解。在价格的定价过程中，以科学透明的证据为基础和药品供应商进行"平等"的谈判。

（二）建立公开畅通的利益相关方协作机制

药品价值评估和谈判合同的实施过程是一种多方协作、公共决策的过程。国际上，通常会设立独立于政府的中间机构，建立各利益相关方参与的渠道，从临床质量效果、经济学等角度对药品的临床效果、成本—效用、预算影响等方面进行意见表达。因此，一方面可以通过成立由药学专家、经济学专家、医药企业代表、消费者、保险机构等相关人员构成的咨询小组，获取各方的意见和诉求；另一方面可以通过公布价值评估和谈判的结果，征求生产、经营、消费、社保、物价、监督等各方意见。

（三）形成基于药品价值评价的谈判协议

在药品价值评估的基础上，对某些高价的创新药，可形成不同形式的谈判合同，既对谈判双方和药品使用方形成制约，控制药品滥用，又可以使谈判双方分担使用创新药的经济风险。例如可探索制定价格销量协议和风险共担协议。其中，风险共担协议是对于某些不确定的问题，双方可以共同承担特殊的病人及经济产出的不确定性。相对于简单的医保目录准入，风险共担协议在管理上更细致，更便于医保对高价药品使用的监督及医保基金的风险控制。此外，也会激励医药企业加大对新药研发的投入，促进医药产业的发展。

展 望 篇

第十三章　主要研究机构预测性观点综述

第一节　医　　药

一、2018 年医药产业发展五大趋势（福布斯）

一是"孤儿病"药关注度将提高；"孤儿病"因为患病人数少，对应的药物研发和市场推广成本高，长期被制药企业排除在研发活动之外。目前，国际上和国内有不少组织和非营利性机构致力于提高公众对"孤儿病"患者的关注，正在进行"孤儿病"特殊药物研发的公司，不论市场如何资本化，这些公司未来都有巨大的市场前景。二是医药合并收购步伐不会停止；未来十年内，将有价值 170 亿美元的重点药物专利过期，美国医药行业巨头们必须要为减轻损失而寻找出路。手握好品种的新兴研发型药企将受到大型药企青睐。三是新技术引领医药行业新方向。基因编辑技术特别是 CAR – T 和 CRISPR – CAS9 将引领医药领域新进展。此前美国 FDA 已通过对诺华的 CAR – T 疗法 CTL019 的外部专家评审，近日 Kite 的 CAR – T 疗法也在 FDA 收获利好消息。CRISPR 允许编辑每个细胞的遗传物质，消除囊肿型纤维化、肌肉萎缩症、肥厚性心肌病等疾病的药物也在不断取得新进展。四是非专利药物将快速崛起；专利过期将带来非专利药物在美国市场上的增加，未来一年，FDA 可能会出台更多政策来支持非专利药，更多非专利药将被批准，药物价格也会随之降低。五是快速成长的亚洲市场；亚洲地区的药品专利制度逐步完善、劳动力成本优势以及固有成本优势，将会导致全球医药 CMO 市场持续从西方成熟市场转移至亚洲新兴市场。与此同时，高速崛起的亚洲将需要与西方国家水准相近的医药与医疗器械。其中中国政府提出的"健康中国2030"计划中将会继续加大中国的医药市场份额。

二、医药行业 2018 前瞻报告（EP Vantage）

一是医药行业并购趋势上扬。前瞻预测美国税制改革的通过（其中包括对回流资金的减税）可能会推动新一轮并购行动，扭转 2017 年医药行业并购的低迷氛围。比较受关注的潜在收购者预计会是一些大型制药企业，其中辉瑞（Pfizer）可能收购百时美施贵宝（Bristol–Myers Squibb）受到市场较多猜测。此外强化产品研发线的需求也可能会吸引其他各方进入交易市场。但是，如果收购目标的估值仍然处于高位，行业也可能会表现出一向以来采取的谨慎态度。二是全球新药平稳增长。2018 年上市的新药包括：Spark 公司的基因药物 Luxturna 登陆美国市场，11 月 Ionis 公司开发的 RNA 药物 inotersen 可能会上市。这两个产品有可能会给药品支付方带来进一步的挑战，可能会被设置较高的医保报销门槛。此外，首批 CAR–T 药物的市场表现也将是 2018 年最受外界关注的话题之一，这些创新药物表现让人寄予厚望。

第二节 食 品
——2018 食品工业八大发展趋势（中国食品工业协会）

一是保持大规模、稳定发展。2018 年，我国食品工业仍将平稳增长，产业规模稳步扩大，继续在全国工业体系中保持"底盘最大、发展最稳"的基本态势。据估测，规模以上食品工业企业主营业务收入预期年增长 7% 左右。二是食品产业多业态融合；一、二、三产融合发展是食品工业特有的优势，产业链横向拓展和纵向延伸速度加快，业态融合发展趋势日益明显。横向方面，食品工业与文化产业、旅游产业、健康养生产业的融合日益加深。纵向方面，"产、购、储、加、销"一体化全产业链经营将成为更加普及的业态模式。三是市场边界逐渐模糊。食品工业企业将加大融入全球市场的深度和广度，实现市场空间的"无边界化"。例如主食产品工业化速度加快，保健食品、特医食品、高端食品、功能食品的开发加速，食品工业领域国际产能、技术、资金、人才等方面的合作日趋广泛，越来越多的食品企业将"走出去"参与国际竞争，布局全球化产业链。线上平台已成为食品工业发展速度最快的分销渠道，企业通过电子商务重构市场网络，培育新的市场需求。四是龙头企业继续发挥领军作用。食品企业兼并重组步伐不断加快，2018年将涌现出更多起点高、效益好、品牌亮、规模大、带动广、市场竞争力强的大型食品企业集团，行业集中度进一步提升，"小、弱、散"格局将得到全面扭转。五是现代食品工业园区发展壮大。大中小微企业集聚发展，实现产品质量集中监管、土地集约使用、绿色制造共同推进，形成大中小微各类企业合理分工、合作共赢的格局。大企业做强、中型企业做大、小微企业做精。六是产业集群布局更优化。京津冀协同发展战略、长江经济带战略、西部大开发战略持续推进，新一轮振兴东北战略即将出台，未来区域发展更加协调有序，龙头企业将持续向主要原料产区、重点销区和重要交通物流节点集中，产业发展呈现大集群发展倾向。七是食品安全监管更严密。党和政府将以更大力度推进实施食品安全战略，以新修订《食品安全法》为核心的食品安全法律法规体系逐渐构建完善。食品安全标准全面与国际接轨，我国日益成为国际规则和标准制定的重要力量。八是科技引领新动能转换。在科技创新驱动下，科技与食品工业将在原料生产、加工制造和消费的全产业链上实现无缝对接，科技创新成为行业发展新动能。

第三节　纺　　织
——2018纺织工业发展趋势（中国纺织工业联合会）

　　一是产能、产量、利润继续向优势企业集中。中小企业落后产能在逐渐关停，特别是小棉纺、小化纤、小针织等落后产能得到淘汰，这些去产能的现象并没有引起社会的担忧。二是区域结构调整不断加快，中小企业关停后多出的劳动力向优势企业转移，向中西部转移，有些回流到输出地。三是大部分产品将达到国际先进水平。随着科技水平的提高，自动化、智能化设备大量采用，许多纺织产品已经是国际领先水平。此外，各行业的大部分装备、工艺水平也属国际一流，服装、纱线、面料制造水平也基本将处在世界先进之列。不少国际知名大众品牌、高端品牌都由中国制造。四是纺织业境外投资合作将保持积极态势。境外绿地投资和重大并购的热度不减，特别是越来越多的企业着眼长远，在"一带一路"沿线国家进行建设布局。一方面，企业通过境外产能投资实现了生产力和供应链的跨国协同；另一方面，企业在全球范围内主动进行原料、品牌、渠道、研发等优质资源的跨区域深度合作，带动了产业迈向全球价值链中高端。

第十四章　2018 年中国消费品
工业发展走势展望

第一节　整体运行走势

一、国内经济企稳回升，生产增速或将小幅提升

2018 年，随着供给侧结构性改革的深入落实，促进工业稳增长调结构增效益及转型升级步伐的不断加快，新旧动能加速转化，生产增速预期会平稳提升。一是稳健的货币政策和积极的财政政策，有利于实体经济转型升级，防止资金"脱实向虚"，增加工业生产动力。二是 2018 年是"十三五"的中期阶段，消费品工业领域的相关政策措施相继落地，各项规划实施将会初见成效，工业生产增速预期较为乐观。三是党的十九大报告指出要坚定实施"创新驱动发展战略"，通过创新提高产品竞争力，助推社会生产力快速发展，将会为经济增长增添新动能。但消费品工业企业面临的国内劳动力和能源等要素成本、融资、环保治理以及转型升级压力仍然不减，生产增速将会稳中有进，不会出现大的波动。预计 2018 年，轻工业、纺织工业、医药工业三大行业工业增加值累计增速在 8.5%、6%、12%左右。

二、外贸环境持续改善，出口形势总体向好

2018 年，全球交易活动将加速回暖，消费品工业出口形势预期会较为乐观。一是全球经济复苏趋势延续，发达国家经济增长普遍提速，亚洲新兴经济体经济增长强劲。IMF 预计，2018 年全球经济有望增长 3.7%，其中，发达

国家有望增长 2.0%，新兴市场有望增长 4.9%。二是国家"一带一路"倡议的稳步推进以及"一带一路"国际合作高峰论坛的召开，增加了中国与沿线国家的贸易往来，促进消费品工业出口增长。三是"三品"战略的深入实施，企业增品种、提品质、创品牌，不断提升高品质产品的有效供给和产品的国际知名度、竞争力，消费品工业出口增长的内生优势正加速形成。预计 2018 年，轻工业、纺织工业、医药工业三大行业出口交货值累计增速在 8%、5%、10% 左右。

三、政策红利加速释放，内需增长企稳回升

2018 年，随着国家各项政策红利的释放，消费品工业内需增长有望企稳回升。一是新型城镇化步伐加快、城乡居民收入持续快速增长以及中产阶层快速崛起，国民对食品、家具、纺织品、服装、文教娱乐用品等日常消费品的需求持续增加。二是随着人口结构趋于中老龄化和"全面二孩"政策落地，绿色食品、有机食品等高品质食品以及医疗保健消费需求动力强劲，将会助推大健康类优质消费品的消费增长。三是 2017 年《政府工作报告》中提出将进一步释放国内需求潜力，促进供给结构与需求结构相适应、消费升级与有效投资相促进，落实和完善促消费和扩投资的相关政策措施，这为下一年消费稳步增长和投资有效扩大增添了信心。预计 2018 年，中国消费者信心指数将达 125 左右，社会消费品零售总额全年增速有望达 11%。

第二节　重点行业发展走势展望

一、医药

（一）生产增速持续增长

2018 年，随着近年出台医药行业相关政策红利的到来，跨行业资本投资的增多，医药工业生产将继续保持高速增长态势。近年来，中共中央、国务院及相关行业管理部门等陆续印发多项医药领域相关文件，内容包括"中国

制造 2025""健康中国 2030"改革临床试验管理、加快上市审评审批、促进药品创新和仿制药发展、加强药品医疗器械全生命周期管理、提升技术支撑能力和加强组织实施等。这些利好政策的出台,一方面会直接带动本行业发展,另一方面会引导资本涌入医药行业,带来投资增加。预计 2018 年,医药工业增加值增速继续维持两位数,提高至 12.5%左右。

(二) 企业创新研发空前活跃

2018 年,我国医药企业创新热情将会空前高涨,创新活动更加活跃。在"健康中国 2030"战略指引下,我国日益重视医疗、医药的研发创新,2017 年出台多项鼓励创新的重磅级政策,势必激发企业的研发热情。2017 年 10 月,中共中央办公厅、国务院办公厅出台的《关于深化审评审批制度改革鼓励药品医疗器械创新的意见》是近十年来较为重磅的有关医药行业创新的指导性文件,覆盖范围广、指导性强,将为医药行业中创新药、CRO 企业、创新医疗器械带来结构性的机遇。2017 年,医保谈判通道打开,国产创新药进入新医保目录,扩大了国产创新药市场。2018 年,药审改革将持续发力,有望缩短药品审评周期,加快仿制药和创新药上市时间,激发行业创新动力。近几年,海外高层次生物医药技术人才出现归国热,将会为医药行业创新带来强有力的智力支撑。政策的有力引导和人才的强力支撑为企业的技术创新指明了方向,将极大激发企业的创新活力与创新动力。

(三) 行业洗牌持续加剧

2018 年,医药行业受政策执行时限影响,重新洗牌会持续加剧,企业间兼并重组还将继续,品种布局也会发生变化。首先,2018 年是仿制药一致性评价的重要时间节点,约 50% 制药企业面临 2018 大限,大量中小仿制药生产企业以及部分大型制药企业受制于高昂的评价成本会逐步退出或放弃部分品种,企业间兼并重组将更加活跃,药品在供应品种也有可能减少,行业集中度将进一步提高。其次,"三医联动"下的医院市场环境发生变化,医保控费、控制药占比导致终端药品需求降低,中药注射剂和辅助用药受到限制,势必会带来企业品种战略的调整。

二、纺织

（一）生产增速平稳增长，出口形势有所改善

2018 年，纺织行业将保持平稳发展的势头，工业增加值增速预计与 2017 年基本相当。国际方面，全球经济复苏迹象明显，IMF 预计，2018 年全球经济有望增长 3.7%，经济增速较 2017 年略有加快，全球经济复苏向好有利于提振消费者信心，大宗商品价格稳定也有利于生产恢复，纺织行业出口环境较 2017 年将进一步改善。国内方面，国民经济将继续保持平稳增长态势，随着消费品工业"三品"战略的持续推动，将促进纺织企业加快供给侧结构性改革，不断丰富产品品种，改善产品品质，提高产品品牌附加值，推动纺织行业平稳快速增长。

（二）中西部地位进一步提升，纺织产业转移步伐加快

2018 年，中西部地区的纺织工业地位将进一步提升。一方面，中西部地区基础设施和产业配套不断完善，产业承接能力增强，特别是西部地区新疆、陕西、宁夏等省份，大力招商，纺织产业链更加健全，规模不断扩大。另一方面，国家多举措缓解企业融资成本高问题，中西部地区物流成本和企业融资成本有望进一步降低，中西部发展纺织工业的优势依然明显。此外，我国纺织企业向国外转移的步伐持续加快。越南、柬埔寨、缅甸、老挝等东南亚地区劳工成本低，税收政策优惠，成为纺织服装企业投资的重点。2017 年，天虹纺织、香港溢达集团、红豆集团、鲁泰纺织等数十家纺织企业纷纷到东南亚地区拓展建厂，2018 年，国内纺织企业"走出去"步伐将进一步加快。

（三）"互联网＋"开辟纺织新格局，科技创新变革加快

近年来，"互联网＋纺织"发展迅速，涌现出一大批"互联网＋"B2B 平台，如全球纺织网、找纱网、链尚网、布联网、搜布等，越来越多的纺织企业开始整合资源布局互联网平台。2018 年，随着"互联网＋纺织"的快速发展，纺织行业供需对接将一步优化，资源整合能力将得到加强。从科技创新能力看，2017 年，纺织行业的科技创新能力大幅提升，多项行业关键技术

取得进步并得到推广，数字化、网络化技术在产业链各环节广泛应用。2018年，企业科技投入将进一步增加，行业生产设备数字化率、生产管控集成水平、纺织技术复合化水平、产品高科技化水平都将得到快速提升。

三、食品

（一）生产增速继续保持平稳增长

2018年，食品工业将继续加强供给侧结构性改革，发挥科技创新的支撑作用，推进食品工业转型升级与关联产业交融互动，保持平稳健康发展，继续发挥国民经济的支柱作用。在经济发展新常态下，我国食品工业增长也将放缓。同时，随着食品消费结构升级，我国食品工业发展模式要从量的扩张向质的提升转变，食品工业保持以往的高速发展难度加大。但受益于国家扩大内需政策、社会发展持续推动以及食品行业自身的需求刚性，食品工业将继续保持平稳增长。

（二）消费需求倒逼供给侧结构改革加快

2018年，随着我国新型城镇化的加快推进、城乡居民收入持续增长、"全面二孩"政策实施和中产阶层快速崛起，我国社会对食品消费的需求将进入营养与健康的时代。食品工业将由"数量驱动"向"价值驱动"转变，由"生产导向"向"消费导向"转变，食品消费从"吃饱、吃好"向"吃得安全，吃得营养、吃得健康"转变。个性化、多样化的消费需求倒逼食品工业供给侧结构改革加快，一批地方特色食品、中华传统食品以及传统主食及中式菜肴的工业化、规模化生产将提速。

（三）节能减排面临较大压力

2018年，食品工业将继续落实绿色发展新理念，严格落实资源环境考核约束性指标，大力推进清洁生产和节能减排，发展循环经济，实现产业与生态环境和谐发展。其中，酿酒、发酵、屠宰、制糖等行业耗水、耗能、污染物排放比较高，节能减排面临较大压力。此外，将积极落实化解过剩产能，培育先进产能的要求，食品工业原料精深加工和副产品的综合利用水平将进一步提升。

四、轻工

（一）供给侧结构改革步伐加快

2018年，在国民经济持续增长，扩大内需、消费升级等各项政策效果逐渐显现的大背景下，市场和政策环境不断优化，轻工行业将面对更加有利的发展机遇。从产业结构看，随着国家抑制产能过剩，淘汰落后产能政策的不断深入，造纸、皮革、铅蓄电池、日用玻璃等行业的市场准入条件将不断提高，个别产业规模增长速度减缓，而文教娱乐、家电行业随着消费需求的增长，行业规模持续扩大。从产品结构看，轻工产品原料趋于多元化、节约化和可持续化，产品结构更适应消费升级的需要，向多层次、个性化、智能化、绿色化方向发展。

（二）智能制造水平显著提升

2018年，随着消费品"三品"战略的深入实施，轻工领域智能制造试点示范加快推进。轻工行业中规模较大、带动就业较多的传统行业的智能化改造将提速，加快推动轻工业相关标准和企业标准的制定。其中，家电、缝制机械、家用照明电器、光伏电池等产品智能化水平将显著提升，家具、五金制品等行业个性化定制模式将加快发展，造纸及铅酸电池行业继绿色制造水平加快提升。

（三）外贸出口回稳向好

2018年，全球经济复苏迹象明显，有利于我国轻工产品的出口。随着外部市场回暖、消费需求的拉动，除了传统的美、欧、日市场以外，中东、俄罗斯、非洲、北欧、东南亚、西亚等新兴市场的出口有望进一步增长。围绕党的十九大报告提出的建设贸易强国的目标，我国一批轻工外贸企业围绕转型升级，已经在培育技术、品牌、质量、服务为核心的外贸竞争新优势上积极开拓，家具、鞋类、箱包、陶瓷、玻璃等一批具有竞争优势的产品的出口有望持续增长。

后 记

为全面展示过去一年国内外消费品工业的发展态势，深入剖析影响和制约我国消费品工业发展面临的突出问题，展望未来一年的发展形势，我们组织编写了《2017—2018 年中国消费品工业发展蓝皮书》。

本书由刘文强担任主编，代晓霞负责书稿的组织编写工作。在本书的撰写过程中，得到了消费品工业司高延敏司长等诸位领导的悉心指导和无私帮助，在此表示诚挚的谢意。

本书是目前国内唯一聚焦消费品工业的蓝皮书。我们希望通过此书的出版，能为消费品工业的行业管理提供一定的指导和借鉴。囿于我们的研究水平，加之时间有限，书中一定存在不少疏漏和讹谬之处，恳请各位专家和读者批评指正。

赛迪智库

面向政府 服务决策

思想，还是思想
才使我们与众不同

《赛迪专报》 《两化融合研究》 《财经研究》

《赛迪译丛》 《互联网研究》 《装备工业研究》

《赛迪智库·软科学》 《网络空间研究》 《消费品工业研究》

《赛迪智库·国际观察》 《电子信息产业研究》 《工业节能与环保研究》

《赛迪智库·前瞻》 《软件与信息服务研究》 《安全产业研究》

《赛迪智库·视点》 《工业和信息化研究》 《产业政策研究》

《赛迪智库·动向》 《工业经济研究》 《中小企业研究》

《赛迪智库·案例》 《工业科技研究》 《无线电管理研究》

《赛迪智库·数据》 《世界工业研究》 《集成电路研究》

《智说新论》 《原材料工业研究》 《政策法规研究》

《书说新语》 《军民结合研究》

编 辑 部：工业和信息化赛迪研究院
通讯地址：北京市海淀区万寿路27号院8号楼12层
邮政编码：100846
联 系 人：王 乐
联系电话：010-68200552 13701083941
传 真：010-68209616
网 址：www.ccidwise.com
电子邮件：wangle@ccidgroup.com

赛迪智库

面向政府　服务决策

咨询翘楚在这里汇聚

信息化研究中心	工业化研究中心	规划研究所
电子信息产业研究所	工业经济研究所	产业政策研究所
软件产业研究所	工业科技研究所	军民结合研究所
网络空间研究所	装备工业研究所	中小企业研究所
无线电管理研究所	消费品工业研究所	政策法规研究所
互联网研究所	原材料工业研究所	世界工业研究所
集成电路研究所	工业节能与环保研究所	安全产业研究所

编 辑 部：工业和信息化赛迪研究院
通讯地址：北京市海淀区万寿路27号院8号楼12层
邮政编码：100846
联 系 人：王 乐
联系电话：010-68200552 13701083941
传　　真：010-68209616
网　　址：www.ccidwise.com
电子邮件：wangle@ccidgroup.com